Distribución para ratificación bajo la dirección de la

Asociación por una Constitución y un Parlamento Mundial
Ramas y organizaciones asociadas en más de 120 países

www.earthconstitution.world

www.wcpa.global

https://constitucionmundial.com

Venezuela:

Ing. Leopoldo Alberto Cook Antonorsi
Vice-Presidente para América Latina
Urb. La Trinidad de Castillejo, Edf. 14, Apto 21, Guatire, Venezuela
Telefono (58) 426-168.8468   (58) 424-235.1388
Correro electronico leopoldocook@gmail.com

Estados Unidos:

World Constitution and Parliament Association (WCPA)
[Asociación para una Constitución y Parlamento Mundial]
313 7th Avenue, Radford, VA 24141 USA.
Teléfono +540-838-2244;
gmartin@earthconstitution.world

Dedicado a los mártires

de América Latina,

a todos aquellos que han sido

desaparecidos, torturados o asesinados

por sus deseos de solidaridad,

amor y esperanza.

Nunca olvidaremos sus sacrificios.

UNA CONSTITUCIÓN PARA LA FEDERACIÓN DE LA TIERRA

Esta Constitución fue elaborada y discutida, adoptada
y enmendada durante 4 sesiones
de la Asamblea Mundial Constituyente reunida
en 1968 en Interlaken, Suecia y Wolfach, Alemania;
en 1977 en Innsbruck, Austria; en 1979 en Colombo,
Sri Lanka; y en 1991 en Troia, Portugal.

EL MANIFIESTO DE LA FEDERACIÓN DE LA TIERRA

Ratificado como el manifiesto oficial de
la Federación de la Tierra
en el Parlamento Mundial Provisional,
Séptima Sesión, Chennai, La India,
26-30 de diciembre del 2003

El Manifiesto de Glen T. Martin
Presidente del Parlamento Mundial Provisional,
El Instituto de Problemas Mundiales y
Asociación para una Constitución y Parlamento Mundial

Manifiesto traducido por Eugenia Almand y
Gustavo Baz
Editado por Rita Martin y Leopoldo Alberto Cook
Antonorsi
Introducción traducida por Rita Martin

Cubierta de libro de Bill Kovarik

Derechos de autor 2011 © Glen T. Martin
Actualizado noviembre 2004 publicado por el
Instituto para la Democracia Económica
Oficina de Norteamérica
235 Dabney Lane, Appomattox, VA 23958
USA www.ied.info Printing 1.4
This printing, 1.5, printed in Venezuela, 2018

Library of Congress Cataloging-in-Publication Data
Martin, Glen T., 1944- [*Manifesto of the Earth Federation and the Constitution for the Federation of Earth*. Spanish] *Manifiesto de la Federación de la Tierra: una constitución para la Federación de la Tierra* / Glen T. Martin. p. cm.
Documents ratified by the Provisional World Parliament, Dec. 26-30, 2003.
Documentos ratificados por el Parlamento Mundial Provisional, diciembre 26-30, 2003.

ISBN 978-1-933567-38-9 (trade paper : alk. paper) – ISBN
978-1-933567-39-6 (trade cloth)

1. International organization. 2. International law.
3. International cooperation. 4. International relations.
I. Provisional World Parliament (7th: 2003: Madras, India) II. Title. III.
Title: Constitución para la Federación de la Tierra.
JZ1318.M3764 2011
341.2--dc22   2011012495

En cooperación con:
El Instituto de Constitución de la Tierra
Oficina de Norteamérica
313 Seventh Avenue
Radford, VA 24141.   www.earthconstitution.world

IOWP es una organización no lucrativa, deducible de los impuestos en los E.E.U.U. Las donaciones y las deudas de la calidad de miembro son deducibles de los impuestos y vitales al objetivo principal del instituto "construir las habilidades de la dirección para la Federación de la Tierra."

ii

Índice

Introducción   **1**

El Manifiesto de la Federación de la Tierra   **7**

Prefacio   8

1. Prólogo   12

2. Los logros de la Federación de la Tierra   13

3. La humanidad en la encrucijada entre la destrucción y la liberación 16

4. Limitaciones y fallas de las Naciones Unidas   20

5. Las esperanzas ambientales del punto muerto de Río y de Johannesburg 22

6. La condición de nuestro mundo en el amanecer del vigésimo primer siglo   28

7. Economía del sentido común bajo el gobierno democrático mundial   44

8. ¿Adónde vamos? Una visita a las naciones del planeta y sus gentes   55

Una Constitución para la Federación de la Tierra   **61**

Dedicatoria   62

Preámbulo   63

Artículo 1. Funciones generales de la Federación de la Tierra   64

Artículo 2. Estructura básica de la Federación Mundial   64

Artículo 3. Organismos del Gobierno Mundial   66

Artículo 4. Concesión de poderes específicos al Gobierno Mundial   66

Artículo 5. El Parlamento Mundial   70

Sección 5.1. Funciones y poderes del Parlamento Mundial   70

Sección 5.2. Composición del Parlamento Mundial   72

Sección 5.3. La Cámara de las Gentes   72

Sección 5.4. La Cámara de las Naciones   73

Sección 5.5. La Cámara de los Consejeros   73

Sección 5.6. Procedimientos del Parlamento Mundial   74

Artículo 6. El Ejecutivo Mundial   76

Sección 6.1. Funciones y poderes del Ejecutivo Mundial   76

Sección 6.2. Composición del Ejecutivo Mundial   77

Sección 6.3. El Presidium   77

Sección 6.4. El Gabinete Ejecutivo   78

Sección 6.5. Procedimientos del Ejecutivo Mundial   79

Sección 6.6. Limitaciones del Ejecutivo Mundial   80

Artículo 7. La Administración Mundial   81

Sección 7.1. Funciones de la Administración Mundial   81

Sección 7.2. Estructura y procedimientos de la Administración Mundial   81

Sección 7.3. Departamentos de la Administración Mundial   83

Artículo 8. El Complejo Integrante   84

Sección 8.1. Definición   84

Sección 8.2. La Administración Mundial de Servicio Civil   85

Sección 8.3. La Administración Mundial de Limites y Elecciones   85

Sección 8.4.   El Instituto de Procedimientos Gubernamentales y
Problemas Mundiales   87

Sección 8.5.   La Agencia para Investigación y Planificación   88

Sección 8.6.   La Agencia para Asesoría Tecnológica y Ambiental 89

Sección 8.7.   La Administración Financiera Mundial   91

Sección 8.8.   Comisión de la Revisión Legislativa   93

Artículo 9. Jurisdicción Mundial   93

Sección 9.1.   Jurisdicción de la Suprema Corte Mundial   93

Sección 9.2.   Tribunales de la Suprema Corte Mundial   94

Sección 9.3.   Ubicaciones de la Suprema Corte Mundial   95

Sección 9.4.   El Colegio de Jueces Mundiales   96

Sección 9.5.   El Tribunal Superior de la Suprema Corte Mundial   97

Artículo 10. El Sistema Coercitivo   98

Sección 10.1.   Principios básicos   98

Sección 10.2.   La estructura para la coerción   99

Sección 10.3.   La Policía Mundial   100

Sección 10.4.   Medios de coerción   101

Artículo 11. *Ombudsmus* Mundiales   102

Sección 11.1. Funciones y poderes de los *Ombudsmus* Mundiales   102

Sección 11.2.   Composición del cuerpo de los *Ombudsmus* Mundiales
103

Artículo 12. Carta de Derechos de los Ciudadanos de la Tierra   104

Artículo 13. Principios directivos del Gobierno Mundial   106

Artículo 14. Salvaguardas y reservaciones   108

Seccion 14.1. Ciertas salvaguardas   108

Sección 14.2. Reservación de poderes   109

Artículo 15.   Zonas federales mundiales y capitales mundiales   109

   Sección 15.1.   Zonas federales mundiales   109

   Sección 15.2.   Las capitales mundiales   109

   Sección 15.3.   Procedimientos de ubicación   110

Artículo 16.   Territorio mundial y relaciones exteriores   111

   Sección 16.1.   Territorio Mundial   111

   Sección 16.2.   Relaciones exteriores   112

Artículo 17.   Ratificación y realización   112

   Sección 17.1.   Ratificación de la Constitución Mundial   112

   Sección 17.2.   Etapas de realización   114

   Sección 17.3.   Primera etapa operativa del Gobierno Mundial   115

   Sección 17.4.   Segunda etapa operativa del Gobierno Mundial   118

   Sección 17.5.   Etapa operativa plena del Gobierno Mundial   121

   Sección 17.6.   Costes de la ratificación   123

Artículo 18.   Enmiendas   123

Artículo 19.   Gobierno Mundial Provisional   124

   Sección 19.1.   Acciones que deben ser tomadas por la Asamblea Constituyente Mundial   124

   Sección 19.2.   Trabajo de las Comisiones Preparatorias   125

   Sección 19.3.   Composición del Parlamento Mundial Provisional   127

   Sección 19.4.   Formación del Ejecutivo Mundial Provisional   128

   Sección 19.5   Primeras acciones del Gobierno Mundial Provisional   129

Signatarios Originales   130
Obras Consultadas   147
Diagrama de la Federación de la Tierra   151

Introducción

Septiembre 2011

Un futuro de paz, seguridad y progreso ordenado demanda una federación mundial de naciones libres, ya que ningún otro medio puede garantizar la solución de los problemas del mundo moderno. Sólo una federación mundial podría asegurar la libertad de sus naciones constituyentes; prevenir la agresión y la explotación de una nación sobre otra; proteger los ministerios nacionales; promover todas las áreas y pueblos atrasados, y salvaguardar los recursos naturales del mundo para el bienestar común.
Mahatma Gandhi   (Hudgens 1986: 14)

El documento más importante de los siglos 20 y 21

La *Constitución de la Federación de la Tierra* bien pudiera ser el documento más importante de los siglos 20 y 21. Ésta es comparable en importancia a la *Declaración Universal de los Derechos Humanos* y al *Estatuto de la Corte Penal Internacional*. Sin embargo, a diferencia de estos últimos documentos, la *Constitución de la Federación de la Tierra* será considerada como el establecimiento de cambio en el paradigma social que posibilita la paz, la justicia y la sostenibilidad ambiental de la Tierra. Bajo el actual orden mundial dominado hace más de cuatro siglos por el sistema de estados nacionales soberanos, estos últimos documentos aparecen entre aquellos que representan el alcance más alto de la moral y el pensamiento legal modernos. La *Constitución de la Tierra* establece las bases de un orden mundial transformado bajo el holismo, una premisa científica del siglo 20 fundamental para la micro-física, la macro-física, la ecología y los sistemas sociales básicos.

Cuando los futuros historiadores consideren la historia del siglo 20, éste no sólo será visto como el siglo de las guerras mundiales y exterminios masivos, ni únicamente como el siglo que produjo las armas nucleares y sistemas públicos y tecnológicos que podrían acabar con la humanidad, sino también podría ser visto como el siglo que produjo la mayor esperanza de la humanidad al formular la *Constitución de la Tierra*. La *Constitución de la Tierra* representa un verdadero cambio del paradigma actual consolidado en la fragmentación y el pensamiento fragmentado; la misma propone un pensamiento holístico basado en el principio de unidad en la diversidad institucionalizada dentro de un gobierno planetario y democrático. La transformación de la fragmentación del sistema moderno mundial en el holismo hará posible el desarrollo sostenible y el florecimiento de la paz para el próximo milenio de la humanidad. En la opinión de muchos, ésta representa el documento paradigmático del tercer milenio.

La nueva Revolución Bolivariana no es un hecho aislado: ha estado ocurriendo en muchos países de América Latina al igual que los movimientos populares en Egipto, Túnez y muchos países árabes. Dentro de los Estados Unidos hoy en día, la gente lucha para defender lo poco que queda de la democracia: el derecho a la sindicalización, el derecho a elecciones limpias, el derecho a expresarse libremente sin represión, y el derecho a limitar el poder de las corporaciones. A nivel mundial, la voz de la gente reclama ser escuchada. La gente simplemente quiere vivir con decencia, sin violencia, guerra o la insolencia de los pocos poderosos. La *Constitución de la Tierra* y el *Movimiento de la Federación de Tierra* cuyos miembros suman 120 países en todo el mundo, fortalece y apoya todos los movimientos democráticos en el entendimiento de que estos, en última instancia, sólo pueden tener éxito si se vinculan a la democracia global y a una forma de gobierno con una ley aplicable para todos.

De lo contrario fuerzas poderosas más allá del alcance de la naciónestado pueden interferir con la capacidad del país para funcionar como una democracia: fuerzas militares globales y amenazas de subversión desde el extranjero; fuerzas económicas internacionales y su manipulación por parte de elementos inescrupulosos como el Banco Mundial y el FMI; corporaciones multinacionales con más recursos que algunas naciones; y el deterioro del ambiente del planeta; todo ello junto hace que el funcionamiento de la democracia sea difícil hoy dentro de la actual autonomía de los estados-nación que no reconocen ninguna ley vigente sobre sí mismos.

"La paz mundial a través del derecho internacional" es una máxima que se escucha con frecuencia cuando se habla de federalismo mundial. Su significado es bastante literal. No puede haber paz a menos que se establezca un sistema de paz en el mundo. Y este sistema tiene al menos Cuatro componentes fundamentales: (1) éste debe incluir que el derecho internacional sea aplicable; (2) que el mismo sea igualmente aplicable sobre los individuos; (3) que sea democráticamente legislado por un *Parlamento Mundial*, y (4) sea parte de un sistema federal en el que el poder gubernamental resida en muchos niveles, desde el nivel local hasta el planetario. Una democracia vibrante le da poder legal a todas las personas como ciudadanos del mundo en materia de igualdad, libertad y responsabilidad. Consagrada en todos los niveles desde el nivel local al nivel global, esta democracia actualiza la moral universal y la verdad existencial en el corazón de nuestra situación. De este modo, esta se convierte en la base de la paz mundial con justicia.

Cada uno de estos componentes es fundamental para la democracia. El caos, la corrupción y la violencia sin fin del actual orden mundial se deben, básicamente, a la falta de una auténtica democracia. Las naciones gastan una gran parte de su riqueza militarizándose para enfrentarse a un mundo sin ley y peligroso. Al hacerlo, dejan de luchar contra la pobreza, las violaciones de los derechos humanos, por la educación, el saneamiento, la salud y otros serios problemas dentro de sus fronteras. Bajo la *Federación de la Tierra*, cada país estaría protegido por una legislación internacional de las amenazas externas y tendría los recursos para hacer frente a sus problemas internos en el ámbito adecuado y legítimo de un gobierno democrático en todas partes.

Bajo el sistema actual, en el que las naciones intentan resolver estos problemas dentro de sus fronteras, no se tarda en llegar a comprender que nuestro actual sistema planetario monetaria y políticamente impide un cambio efectivo en los países. Estos sistemas se basan en la fragmentación de nuestra realidad humana hasta el punto en que ninguna de sus partes, en el orden mundial fragmentado, es capaz de realizar el bienestar común de sus ciudadanos, por no hablar de la preciosa Tierra, o de las generaciones futuras. El caos estructural del sistema actual internacional evita que nuestros más altos ideales humanos se realicen.

Las condiciones económicas globales y estructurales impiden que los ya fragmentados estados-nación creen una vida digna para sus ciudadanos, mientras que al mismo tiempo inhiben la acción unida y efectiva para hacer frente a la crisis climática, se agotan así rápidamente los recursos e incrementa la pobreza mundial, las armas de destrucción masiva, el terrorismo internacional y otros temas planetarios más allá del alcance de cada nación. La inmensa deuda económica estrangula hasta a las naciones llamadas desarrolladas. No parece haber manera de salir de un sistema económico cuya premisa es una aplastante deuda. El militarismo drena la riqueza de la mayoría de las naciones. No parece haber más opción que participar en una carrera armamentística sin fin para mantenerse al día con los últimos avances tecnológicos en armamentos dentro de un mundo peligroso.

Mientras tanto, la crisis global climática y el agotamiento de los recursos crean una escasez cada vez mayor de la tierra cultivable, agua dulce, pesca en los océanos, los bosques y la sostenibilidad de la vida. Las lluvias se convierten en temporadas irregulares y las estaciones regulares necesarias para la agricultura pierden su confiabilidad. Desesperados, los ciudadanos se convierten en personas inestables que pueden recurrir a la violencia. La protección de los derechos humanos y la gobernabilidad democrática se hacen cada vez menos sostenibles y posibles. La vigilancia universal y el estado de seguridad nacional parecen cada vez más necesarios debido al caos social que ha engendrado en todas partes por la fragmentación militarizada de un sistema mundial en conjunto con un desintegrado ecosistema planetario.

Es relativamente insignificante creer que algo llamado "derecho internacional" pueda lidiar con el caos, la confusión y las guerras sin fin que genera el actual sistema mundial. No se puede gobernar el comportamiento de entidades colectivas militarizadas llamadas naciones y consideradas "soberanas" y por lo tanto independientes de cualquier ley efectiva sobre ellas mismas. No se puede lidiar con la crisis climática, el agotamiento de los recursos naturales, o la proliferación de armas nucleares a través de un "sistema de tratados" que es fundamentalmente voluntario por parte de las naciones y de los que pueden retirarse en cualquier momento al dictado de su propio interés o, dentro del cual se puede manipular e interpretar el acuerdo como la percepción de sus propios intereses.

La paz mundial a través del derecho internacional exige necesariamente una democracia planetaria genuina. Se requiere, necesariamente, que el derecho internacional sea aplicable a cada individuo por una fuerza policíaca civil capacitada para seguir el debido proceso y la protección de los inocentes. La paz mundial sólo puede ser creada a través de un parlamento democrático internacional que legisle sobre la base del bienestar común de la gente en todas partes y trate los asuntos planetarios más allá de la capacidad de cada nación. Finalmente, la paz mundial y la justicia sólo pueden crearse a través de un sistema federal en el que las localidades, las regiones y los niveles de los países compartan la soberanía de un parlamento mundial que represente la soberanía de todas las personas que viven en la Tierra. Todas las formas de imperialismo serían suprimidas al aplicarse el derecho internacional.

A pesar de que los seres humanos han sido muy conscientes de la idea democrática desde el siglo 18, la democracia planetaria auténtica constituiría un verdadero cambio en el paradigma de un sistema social de guerra a nivel internacional a un sistema de paz. La democracia planetaria bajo la *Constitución de la Tierra* establece un orden mundial en el principio integral de la unidad en la diversidad. El sistema de estados nacionales soberanos, sin reconocer ninguna ley vigente sobre sí mismos es de por sí fragmentado e intrínsecamente incapaz de unir a la humanidad. La paz en el mundo con justicia y sostenibilidad sólo puede fluir a partir de este principio holístico que constituye el descubrimiento fundamental de toda la ciencia del siglo 20.

Bajo el fragmentado sistema mundial, los documentos de las Naciones Unidas ilustran los más altos pensamientos morales y legales posibles; sin embargo, estos generan ideales al servicio de una lenta evolución de la humanidad hacia un nuevo orden mundial digno. Ni el *Estatuto de la Corte Penal Internacional* ni la *Declaración Universal de los Derechos Humanos* cuestionan el sistema de estados nacionales soberanos que bloquea la paz y la cooperación genuina para hacer frente a las crisis globales, ni cuestionan el sistema económico global con base en una aplastante deuda y acumulación ilimitada de riqueza privada que impide el florecimiento humano en todo el planeta. Las estructuras institucionalizadas de la fragmentación hacen ver la unidad en la diversidad humana dentro de un conjunto de meros "ideales", o de una utopía irrealizable.

Sólo el nuevo paradigma de democracia planetaria genuina, con una premisa en una constitución que institucionalice la unidad en la diversidad a través de un efectivo derecho internacional; solo ésta puede transformar nuestro planeta en peligro de extinción antes de que sea demasiado tarde. No necesitamos ideales dentro de un modelo de lenta evolución de instituciones irremediablemente fragmentadas. Necesitamos un verdadero cambio en el paradigma social que coloque a las instituciones fragmentadas dentro de un nuevo conjunto de premisas que las transforme y les da el poder de convertirse en unidades de cooperación dentro de un auténtico sistema mundial de paz. Sólo en este sistema puede la verdad moral y existencial de que todos los seres humanos son hermanos llegar a ser una realidad viviente, consagrada en la ciudadanía universal.

La maravillosa diversidad de las naciones del planeta, religiones, razas, culturas, idiomas y formas de vida debe ser preservada y protegida. Esta diversidad debe gobernarse democráticamente a nivel local y regional en todo el mundo. Pero esto sólo puede ocurrir si hay una verdadera unidad para el conjunto, basada en la dignidad, la libertad y la igualdad de los derechos humanos de las personas en todas partes. En un mundo que carece de esa unidad, las culturas más potentes, razas, instituciones fragmentadas, y los poderes políticos simplemente abruman, digieren, dominan y asimilan la diversidad más genuina.

Dicha unidad sólo puede derivar de instituciones concretas explicadas en detalle viable por la *Constitución para la Federación de la Tierra*. Desde dentro del caos y la aparente desesperanza del siglo 20, miles de ciudadanos alrededor del mundo han trabajado juntos para crear los documentos más importantes de este siglo: un documento basado en un nuevo paradigma social, holístico, que muestra el camino a seguir para una comunidad pacífica que disfrute de los derechos humanos y de la sostenibilidad de nuestro precioso planeta Tierra.

El *Manifiesto de la Federación de la Tierra*, incluido aquí, describe con cierto detalle las condiciones que enfrentamos en nuestro planeta en la actualidad y la manera de salir de nuestra actual pesadilla a través de la ratificación de la *Constitución de la Tierra*. El *Manifiesto* fue aprobado como una declaración oficial del Parlamento Mundial Provisional en su 8 ª reunión en Lucknow, India, en el 2004. La compleja combinación de la crisis internacional es una amenaza real para el futuro de todas las naciones y los pueblos. Ahora es el momento para que los países y los ciudadanos hablen tranquilamente entre sí para unirse en una convención de ratificación y fundación para que al mismo tiempo la ratificación de la *Constitución de la Tierra* pueda traer un nuevo paradigma de paz, libertad y prosperidad en la historia humana. Estos países y sus ciudadanos podrían recibir la eterna gratitud de la gente de todas partes, así como de todas las generaciones futuras. Mañana es demasiado tarde: ahora es el momento.

EL MANIFIESTO DE

LA FEDERACIÓN DE LA TIERRA

Glen T. Martin

Traducido por Eugenia Almand
Editado por Rita Martin y Leopoldo
Alberto Cook Antonorsi

(Ratificado como el Manifiesto Oficial de
la Federación de la Tierra
en el Parlamento Mundial Provisional,
Séptima Sesión, Chennai, La India,
diciembre 26-30, 2003).

Prefacio

Este manifiesto resume, tan brevemente como es posible, la crisis múltiple que nuestro mundo encara hoy y propone el tipo de respuesta necesaria para que la humanidad sobreviva el vigésimo primer siglo. En cada página se demuestra la necesidad de crear un gobierno mundial federal en un futuro muy próximo, conforme a la *Constitución para la Federación de la Tierra*. En 1995, el informe de la Franja Azul (Blue Ribbon) "Comisión del gobierno global" bosquejó muchas de las crisis globales que enfrentamos hoy y expresó que "la presente generación sabe cuán cerca se encuentra de los cataclismos". Este manifiesto muestra que esta afirmación es falsa.

La presente generación atraviesa una fase de negación a los conflictos e ignorancia obstinada; muy a pesar de que todos los argumentos que defienden un gobierno mundial federal son convincentes y decisivos, como se presenta en casi cada página de este manifiesto. Los que tienen oídos para oír y ojos para ver, necesitan escuchar y observar. Este manifiesto es intencionalmente tan breve como es posible para que pueda ser leído y entendido fácilmente. Se ocupa de los asuntos del terrorismo, la guerra, el ambiente, los movimientos sociales, la O.N.U., el sistema de naciones, y la economía global. Puede ser uno de los documentos fundamentales de los siglos veinte y veintiuno, comparable en su significación con la Declaración de Derechos Humanos o los Estatutos de la Corte Penal Internacional.

Dividido en ocho partes, el *Manifiesto* comienza con un **Prólogo-primera parte**--que describe la encrucijada que los seres humanos enfrentan hoy. Y para analizarla, podemos aprovechar el conocimiento de la ciencia del vigésimo siglo que muestra el holismo y la interdependencia de cada aspecto de nuestro universo. O, por el contrario, podemos continuar en la fragmentación, la división, y la destrucción mutua. El planeta como se muestra hoy, con guerra, terror, pobreza y miseria masiva y destrucción ambiental no puede durar mucho más en estas condiciones. Razón ésta por la que los seres humanos deben convertirse en ciudadanos políticos y económicos o perecer. La inacción ante estos problemas resulta en consecuencias trascendentales nada difíciles de discernir, esta opción debe darse sin obstáculos y de manera simple.

La parte dos, titulada *Los logros de la Federación de la Tierra* repasa la herencia trascendental que heredamos de las generaciones anteriores que han trabajado en los parlamentos mundiales provisionales. Un enorme movimiento ha emergido alrededor de la *Constitución para la federación de la Tierra y ya la misma se* ha traducido a muchas idiomas, lo cual ha permitido que muchas personas en casi todos los países estén comenzando a reunirse alrededor de la bandera de la *Federación de la Tierra*. El trabajo realizado por todas las partes ha sido excelente y ya pueden verse muchos logros del mismo. No hemos tenido la necesidad de re-inventar la rueda, sino que hoy estamos en una posición idónea para poner en funcionamiento--movimiento--esa rueda.

La parte tres, *La humanidad en la encrucijada entre la destrucción y la liberación* expresa las razones por las que estamos en una encrucijada para la existencia humana en este planeta, a partir de consideraciones sobre la economía global, el sistema nación-estado, las Naciones Unidas, y los movimientos sociales globales. Muestra, de la misma manera, la interdependencia de todos estos movimientos y sus vínculos con las crisis que confrontamos en la Tierra. Demuestra así que nuestras importantes instituciones internacionales han tenido un papel en crear y profundizar estas crisis, en lugar de hacer lo contrario. La elección hoy por un orden civilizado mundial, debe darse sin obstáculos, como parte de una acción decisiva, o la Tierra será destruida, seguramente, por y para nosotros mismos así como para todas las generaciones futuras.

La parte cuatro, *Limitaciones y falla de las Naciones Unidas* considera las Naciones Unidas, su historia, su estructura, y su falla de transformar nuestro mundo en un mundo de paz y justicia. Presenta los hechos para todos aquellos que estén dispuestos a ver y a oír, y evidencia las razones de las fallas hasta hoy acumuladas. Todas las evidencias sobre estas muchas agencias de mérito como la O.N.U. señala que las mismas podrían realmente hacer su trabajo si fueran incorporadas en *la Federación de la Tierra* logrando, por primera vez, un financiamiento y autoridad adecuados.

La parte cinco, *Las esperanzas ambientales del punto muerto de Río y Johannesburg* estudiadas en las Cumbres ambientales en Río de Janeiro en 1992, en Johannesburg en 2002, y en otros tratados tales como el protocolo de Kyoto, documenta no sólo la falla de las naciones de vivir o acordar sus tratados ambientales--lo que conduce a una catástrofe planetaria siempre mayor--,sino que explica, por un lado, por qué no han logrado estos acuerdos, y por el otro, su poca actuación en conservar el ambiente global. Se explica aquí que la misma estructura de nuestro sistema del mundo, que es históricamente anticuado y manifiestamente injusto, está evitando que la humanidad salvaguarde el ambiente planetario.

La parte seis, *La condición de nuestro mundo en el amanecer del vigésimo primer siglo* considera los nexos de las crisis globales que enfrentamos en el principio de nuestro nuevo siglo. Proporciona, de esta manera, los hechos científicos más recientes que las documentan: la crisis del agua dulce, la crisis de la pobreza, la crisis de las tierras de labrantío y de las industrias pesqueras viables para alimentar a los seres humanos, la crisis ambiental, la crisis poblacional, la crisis de las enfermedades, la crisis educacional, la crisis económica global, y la crisis del militarismo global.

Se demuestra aquí de qué manera todas ellas son interdependientes y al mismo tiempo correlacionadas, y se subraya cómo todas provienen del sistema, hecho fragmentos, del mundo basado en el concepto supuesto naciones-estado soberanas y del capitalismo global del monopolio.

De un modo claro, se razona cómo el gobierno mundial federal es la única solución viable para cada crisis. Para ello, se explica cómo estos problemas son tratados por la *Constitución para la Federación de la Tierra* e incluye cómo ésta aborda los problemas específicos del militarismo, el terrorismo y la guerra.

La parte siete, *Economía del sentido común bajo el gobierno mundial democrático* propone una economía inteligente y justa que está siendo desarrollada por expertos pertenecientes a la *Federación de la Tierra,* con el fin de crear un mundo de prosperidad e igualdad en lugar de uno de escasez y de miseria. Las siete innovaciones económicas esbozadas en la parte siete pueden ser comprendidas sin dificultad en su teoría e, igualmente, su ejecución práctica resulta fácilmente viable. Se expone aquí, claramente, que un mundo de abundancia y justicia no es un sueño utópico, sino una posibilidad real bajo la *Constitución para la Federación de la Tierra*. Toda persona con sentido común puede entender la racionalidad y la simplicidad de estas opciones. Otro mundo es realmente posible.

Finalmente, **la parte ocho,** *¿Adónde vamos? Una visita a las naciones del planeta y sus gentes* trata del orden de las acciones que debemos tomar en esta encrucijada histórica para lograr un mundo sostenible, justo y próspero. Estas acciones de sentido común están basadas en discusiones convincentes y ofrecen evidencia efectiva extensa.

Esta última parte explica a la mayoría de las personas pobres de nuestro planeta cómo actuar en su propio favor y en nombre de un futuro para sus niños. Pero precisa que dentro del actual orden mundial de injusticia, miseria y guerra, todos somos pobres. Abunda en que el viejo y putrefacto sistema social perpetúa condiciones desgraciadas hacia el futuro, lo cual ha converido a todos los ciudadanos del planeta en pobres. Así, en esta parte se hace un llamado a todos los ciudadanos del mundo para unirse en conformidad a la *Federación de la Tierra*. Si los ciudadanos del planeta estuvieran apoyados por un orden mundial decente en esta encrucijada de la historia, un mundo de cordura, paz y prosperidad estaría cercano, casi alrededor de la esquina.

1. Prólogo

1.1. La historia humana en el planeta Tierra ha alcanzado su encrucijada final. Los seres humanos pueden continuar en el camino a la perdición inminente, o alcanzar un nuevo nivel de la civilización para la Tierra. Este manifiesto describe sin dificultades esa encrucijada para todos aquellos a los que les importa escuchar y saber de este tema. Nuestro mensaje no nace de un deseo confuso y sentimental por un mundo mejor, como se oye tan a menudo hoy desde grupos que intentan proteger los derechos humanos o el avance de la democracia, promover la paz, o tratar asuntos tales como pobreza y enfermedad. Nuestro mensaje surge de necesidades urgentes para desarrollar y consolidar la *Federación de la Tierra* como un modo de acción decisivo ante las crisis que confronta el planeta. Y en este sentido es exacto y específico. Es época de decisiones firmes.

1.2. La opción de una *Federación de la Tierra* no es arbitraria ni irracional. En el vigésimo-siglo, la ciencia demuestra el principio general del holismo, es decir, que el tratamiento de un tema implica todos sus componentes, y por lo cual se entiende que la unidad o el todo emerge como una penetración fundamental de cada una de sus partes. La revolución científica llevada a cabo por Einstein demostró que la naturaleza y el cosmos deben ser entendidos holísticamente. Y la física cuántica ha mostrado esto como una verdad en el nivel secundarioatómico, y en los niveles macro y micro, nuestro universo exhibe la unidad como campo integral, interdependiente del espacio/tiempo/energía/material. La ecología y las ciencias biológicas también han demostrado el holismo a todos los niveles de la naturaleza viva, incluyendo el ecosistema que abarca la Tierra.

1.3. La esfera principal donde sigue existiendo la fragmentación, la división, y el reduccionismo es la esfera de la vida social humana, en el sistema de nación-estados territoriales y el sistema económico global de la violencia, de la avaricia y de la no-cooperación. No es accidental que Einstein defendiera abiertamente el gobierno federal planetario. Él entendía el holismo ineludible del mundo en que vivimos hacia adentro. La opción que se alza ante nosotros es la de realizar nuestro pensamiento holísticamente--en unidad y conexión entre todas las personas de la Tierra-

-o continuar permitiendo la destrucción planetaria y social con nuestra fragmentación y violencia. El concepto del holismo se incorpora a la *Constitución para la Federación de la Tierra* como modelo de una relación dinámica y comprensiva de la unidad-en-diversidad. Debemos elegir inmediatamente el holismo o unidad del gobierno federal del mundo o dejar que se destruya la Tierra y sus gentes.

1.4. En estos días, el rumbo creador del movimiento para un orden federal saludable del mundo está haciendo temblar a los señores actuales de la Tierra en su corrupción y fragmentación. El mundo está despertando de las mentiras y distorsiones creadas por los medios de comunicación, de un vivir individual en estado sub-sirviente que le obstaculiza la acción, y de los intereses corruptos que apoyan el viejo orden putrefacto mientras la Tierra es destruida para las generaciones futuras. Los ciudadanos de la *Federación de la Tierra* somos portavoces del nuevo orden del mundo afirmado en integridad, valores democráticos y el bien común de todas las personas en la Tierra. Pueden encarcelarnos o aniquilarnos como individuos, pero el despertar de los seres humanos es indetenible. Nos encontramos ante una encrucijada de la humanidad y debemos actuar y elegir sabiamente--para la humanidad--o de lo contrario sólo estaremos contribuyendo a la destrucción planetaria.

2. Los logros de la Federación de la Tierra

2.1. Los ciudadanos de la *Federación de la Tierra* reunidos en esta séptima sesión histórica del Parlamento Mundial Provisional, reconocemos que estamos edificando un proyecto a partir de los esfuerzos colectivos de millares de ciudadanos del mundo que han trabajado incansablemente a través de este vigésimo siglo y en especial desde 1958. Cada uno de los contribuyentes deben ser honrados y venerados como profetas y diseñadores de la *Federación de la Tierra* que está destinada a crear, por primera vez en la historia humana, una civilización de verdadera vida en el Planeta Tierra.

2.2. Nuestros precursores, algunos de los cuales son nuestros líderes hoy, han trazado la *Constitución para la Federación de la Tierra* con una prioridad humanitaria. Este documento, convertido ya en uno de los grandes hitos de nuestra historia, ha sido forjado con la calidad más fina del esfuerzo de centenares de ciudadanos alrededor del mundo en cuatro asambleas mundiales constitutivas, desde Wolfach, Alemania en 1968, hasta Troia, Portugal en 1991. Hoy, la *Constitución* se ha distribuido internacionalmente y se ha traducido a veintidós idiomas.

2.3. La *Constitución de la Tierra* es ya reconocida por muchas personas alrededor del mundo como la Ley Suprema del Planeta Tierra. La misma reemplaza todas aquellas leyes aprobadas por aproximadamente 190 entidades territoriales conocidas como "naciónestados" que demandan el falso derecho de aprobar leyes territoriales irresponsables con el resto de la humanidad. Hoy, entendemos que ninguna entidad simplemente territorial tiene el derecho a demandar la soberanía absoluta de sus leyes que no consideran los principios universales de la equidad, la justicia, la libertad y la paz incorporada en la *Constitución de la Tierra,* en sus declaraciones universales que extensamente la respaldan y en sus responsabilidades, incluyendo la *Carta de la Tierra.* La soberanía verdadera reside en que todos los ciudadanos vivan en la Tierra--como ciudadanos del mundo--no dentro de entidades territoriales limitadas.

2.4. La *Constitución de la Tierra* crea un sistema parlamentario no conforme a la subversión y a la corrupción, hecho que ha pasado dentro de las supuestas democracias liberales en los "estados de seguridad nacional" dominados por el secreto ejecutivo de las sucursales y su autoridad-energía arbitraria. No habrá necesidad del secreto ejecutivo ni de energía arbitraria cuando todas las naciones se desmilitaricen bajo las leyes democráticas legisladas.

El Parlamento Mundial quedaría integrado por tres cámaras, la primera, la cámara de consejeros que representan toda la humanidad; la segunda, una cámara de las naciones que representan cada nación en la Tierra, y la tercera, una cámara de la gente con la representación proporcional a partir de 1.000 distritos electorales por todo el mundo. Las sucursales principales del gobierno bajo este Parlamento (la jurisdicción mundial, el ejecutivo del mundo, la policía del mundo, el *Collegio* de los jueces mundiales, y los defensores públicos del pueblo) son directamente responsables ante el Parlamento y no tienen ninguna autorización de suspender la *Constitución,* retener el gasto del presupuesto, violar los derechos humanos, crear un aparato militar, o derogar de alguna manera las garantías universales dadas a todas las naciones y sus gentes por la *Constitución*

2.5. En reconocimiento de la soberanía de los territorios y sus gentes en relación con sus derechos económicos y políticos universales garantizados para todos los ciudadanos, la *Constitución* elimina la energía-política de la nación, e indica de una vez por todas su posición en contra de la ventaja económica, el control de recursos, la hegemonía militar, y las esferas de influencia creadas; todos ellos elementos que continúan destruyendo los derechos y las vidas de millones alrededor del globo, como ha sido por siglos. La *Constitución* asigna el uso por mandato equitativo de los recursos esenciales de la Tierra para toda la gente, haciendo posible un orden verdaderamente civilizado del mundo bajo un control y una ley democráticos legislados por primera vez.

2.6. Por supuesto, habrá "partidos de la oposición" dentro de la *Federación de la Tierra*. A diferencia de la pseudo-diversidad de los dos sistemas actuales de partidos, la oposición--una diversidad de voces--es el corazón y el alma de la democracia. Bajo el orden actual del mundo, cada partido o grupo en control de la energía puede suprimir, silenciar, coaccionar, o eliminar su oposición. No hay aun una unidad verdadera para legitimar la diversidad de géneros, culturas, religiones, orígenes/pertenecias étnicas, o puntos de vista políticos.

2.7. La diversidad sin una unidad auténtica da lugar a conflictos, violencias, y controles de mayor alcance. La *Federación de la Tierra* se afirma en la "unidad-en-diversidad". La diversidad se protege y se anima porque la misma es parte de la unidad universal, de su ley y de la ciudadanía universal. Todos tenemos una voz y un papel dentro del bienestar del bien común y de cada individuo. La pluralidad genuina de voces capaces de escuchar las otras (en lugar de intentar suprimirlas y ahogarlas) hace posible una localización del sujeto dentro de la historia.

2.8. La segunda gran realización de nuestros precursores fue llevar muchas medidas activas del gobierno mundial democrático, iniciado realmente conforme a la *Constitución*. Nos han dado un cuerpo legislativo mundial provisional que se ha desarrollado cuidadosamente desde que el primer Parlamento Mundial Provisional lo adoptara en 1982, y que comenzara a elaborar los ministerios necesarios para el funcionamiento del gobierno mundial. Desde 1982, el Parlamento Mundial Provisional se ha reunido en ocho diversos lugares alrededor del mundo, el sexto en Bangkok, Tailandia en el 2003 y el séptimo en Chennai, India, en diciembre del 2003, y el octavo en Lucknow, India, en agosto de 2004.

2.9. Hoy, el mundo cuenta con el trabajo de nuestros precursores por cuerpo legislativo planetario de calidad que sirve como modelo y faro para toda la humanidad y que ilumina la trayectoria por la cual podemos movernos desde un mundo de caos, guerra y desastre inminente a un mundo de la paz, libertad, equidad y justicia. El sexto Parlamento Mundial Provisional estableció un comité para la revisión legislativa para codificar y profesionalizar este cuerpo legislativo mundial. Cuando la primera etapa operativa del gobierno mundial haya comenzado, y se haya constituido el Parlamento Oficial del Mundo, este cuerpo legislativo servirá como un enorme apoyo a la humanidad y estará a la disposición del Parlamento para su revisión, modificación, o ratificación inmediata.

2.10. Los que han ratificado personalmente la *Constitución de la Tierra* son ahora embajadores y portavoces de la *Federación de la Tierra* que se alzan en contra del caos global, la violencia, y la fragmentación, pero también lo son aquellos que hablan sobre el futuro de la civilización y una esperanza más grande de la humanidad. La *Federación de la Tierra* vive en este momento a través de nosotros hasta el día en que se reconozca y se abrace por toda la humanidad. Ese día podremos ser honrados como pioneros valerosos que desinteresadamente lucharon contra enormes obstáculos en nombre de nuestro precioso planeta Tierra, por justicia universal y una vida decente para las generaciones futuras.

3. La humanidad en la encrucijada entre la destrucción y la liberación

3.1. Ya está teniendo lugar el reconocimiento de nuestro gran movimiento en todas partes del mundo, entre los pobres y desposeídos, la mayoría del mundo. Se reconoce, además, el agotamiento de las opciones del pasado así como la ausencia de esperanzas del actual orden mundial sin visión por un futuro mejor, concentrado en la fuerza y la violencia institucionalizadas. Los pobres y desposeídos, mayoría de la población, son la gran esperanza de la humanidad y de la *Federación de la Tierra.*

3.2. En la actualidad, la mayoría pobre del mundo se encuentra supeditado a un sistema global de explotación y dominación económicas impuesto por el dominio de los monopolios, las corporaciones internacionales y los gobiernos imperialistas. La Organización del Comercio Mundial, el Fondo Monetario Internacional, el Banco Mundial, los gobiernos imperialistas, y los ejecutivos de corporaciones multinacionales trabajan en foros secretos para eliminar eficazmente toda oposición a su pillaje criminal del planeta y sus recursos. Este sistema pertenece a la violencia institucionalizada planetaria, que fuerza a muerte y enfermedad innecesarias e innumerables por el rico y de gran alcance. Este sistema nacido para hacerse cumplir por la violencia que permite las ventas internacionales de armas, el entrenamiento militar por las élites dominantes en países pobres, la manipulación política, las amenazas de sanciones económicas o el castigo y las invasiones absolutas o los bombardeos de los países que procuran tomar un curso independiente.

3.3. Con la falla de las Naciones Unidas no sólo en evitar el genocidio contra la gente iraquí--que terminó en la invasión del 2003 de este país--sino en evitar la devastación completa de Afganistán en los últimos veinte años, esta institución ha llegado a ser considerada como un guía falso y un escudo ideológico para la preservación del sistema de explotación y dominación globales. La "coalición internacional recientemente creada contra el terror", ilustra la impotencia e irrelevancia de la O.N.U. Esta coalición ha creado un sistema internacional permanente que respalda, en gran medida, a las naciones más ricas, aquellas que tienen una historia de dominación colonial de otros países y que producen hoy la mayoría de las armas del mundo, incluyendo las armas de destrucción total.

3.4. Los movimientos independientes como el Foro Social Mundial, se han originado globalmente y se encuentran determinados a crear un orden internacional más equitativo. Hay también muchas organizaciones no gubernamentales que trabajan para proteger los derechos humanos, aliviar la pobreza, conservar el ambiente, o promover el cuidado médico a través del mundo. Estos hablan de "una resistencia" al orden dominante, de "restaurar el vivir en democracia", proveer el "alimento primero" para el mundo y asumir cualquiera deuda legípima internacional. Con todo, no ofrecen aun ningún medio claro para lograr estas metas dentro de un sistema mundial afirmado en las guerras, el imperialismo nacional, y política enérgicas. Hasta ahora son sólo ideas vagas sobre la fabricación de la economía y la política más democrática, que busca algunas respuestas a las necesidades de los pobres.

3.5. La *Federación de la Tierra* no desea ser sólo una respuesta a las necesidades de los pobres, sino proporcionar los medios para suprimir la pobreza de la Tierra. No trabajamos para hacer a las instituciones existentes de dominación y explotación (el nación-estado "soberano" y el capitalismo global) "más democráticas". No hay manera de hacer a estas instituciones más "democráticas". Basadas en la autoridad y el poder-dañadas y hechas fragmentos--éstas son intrínsecamente totalitarias y nada democráticas; lo que sus ideologías pueden demandar y han producido hasta el presente es un infierno vivo para sus víctimas.

3.6. La metáfora del infierno es conveniente, porque las instituciones de la nación-estado "soberano" y de su sistema económico global han creado un infierno vivo en la Tierra durante los últimos cinco siglos con sus políticas de conquista sin piedad, genocidios de la gente indígena, sistemas brutales de la esclavitud, colonialismo vicioso, guerras coloniales sin fin, guerras mundiales, y militarización y dominación neocolonial hoy. Actualmente, por lo menos 1,5 mil millones ciudadanos en este planeta--y para la mayoría pobre del mundo—estas instituciones representan el poder del infierno en la Tierra. Entendemos que las mismas deben ser sustituidas por un gobierno federal genuino internacional y por un sistema económico proyectado en el desarrollo sostenible y rápido por el bienestar de los ciudadanos de toda la Tierra.

3.7. La llave para solucionar las terribles crisis globales que enfrenta la humanidad es la creación de las instituciones mundiales capaces de una acción planetaria e implicadas en crear un mundo de equidad, libertad, justicia y paz. No hay tales instituciones en el mundo hoy. Solamente el gobierno democrático del mundo es capaz de ocuparse de estas crisis globales en un nivel planetario. La modificación gradual de las actuales instituciones inoperantes es una prescripción para el suicidio planetario.

3.8. Hace aproximadamente 150 años, otro manifiesto anunció que "Un espectro recorría Europa", el espectro de la revolución y de la expropiación violentas de la abundancia robada por los ricos. Anunciamos que una revolución pacífica es el alcance actual--que ese manifiesto anterior no habría podido imaginarse. Anunciamos que no es necesario expropiar la abundancia de los ricos para crear equidad, libertad, justicia, paz y prosperidad globales.

3.9. Nuestra revolución conlleva un objetivo más lejano porque es planetaria en alcance y porque la humanidad está en la encrucijada final. La revolución anterior era prematura, porque la humanidad todavía no había alcanzado su encrucijada final. Nuestra revolución, por primera vez en la historia, crea instituciones planetarias que representan *a la gente* de todo el mundo y se basa en el principio de la unidad-en-diversidad. No excluye a nadie. Por primera vez dentro de la historia, las necesidades, los derechos y los intereses del conjunto de la humanidad son considerados por instituciones democráticas, verdaderamente planetarias.

3.10. Hoy, la opción está entre cierto caos, el barbarismo de los gobiernos de destrucción o en el alcance de un gobierno democrático mundial bajo la *Constitución de la Tierra.* Nuestra revolución suprime no solamente las peores características del pillaje de la corporación capitalista y del monopolio al igual que ese manifiesto anterior. También suprime el otro demonio del infierno que ha hecho estragos en la Tierra durante los últimos cinco siglos: la "soberanía absoluta" de la naciónestado. Esta es una institución hecha fragmentos, irracional y peligrosa que ha dividido la Tierra en aproximadamente 190 entidades territoriales incompetentes. Su misma existencia niega la soberanía de la gente de la Tierra. No debemos eliminar solamente las características peores del capitalismo, sino también la guerra, el sentido imperial y la institución codiciosa de la soberanía absoluta de las naciónes-estado.

3.11. Puesto que las naciónes-estado se autodenominan "soberanas", y no reconocen ninguna otra autoridad legal por arriba de ellas mismas, dichas naciones están siempre en una relación caótica, de lucha y guerra *de facto* de unas contra las otras. Este hecho fue precisado por Hobbes, Spinoza, Kant, Hegel, y muchos otros pensadores políticos. En esta situación, la acción para el bien común de la humanidad y la Tierra es, en principio, imposible. La única soberanía auténtica y legítima es la de todas la gente que reside en la Tierra. Y la *Constitución de la Tierra* incorpora esa soberanía al gobierno eficaz del mundo en el cual todas las naciones y sus gentes deben vivir bajo el control de la ley democrática, por primera vez legislada para la historia. El holismo evidente en la naturaleza y el ecosistema de la Tierra debe realizarse por primera vez dentro de los asuntos humanos. El bien común de la Tierra y sus generaciones futuras deben ser tratado con eficacia.

3.12. El viejo orden mundial está muerto o moribundo. El mundo está en su cruce final. Se puede hundir aun más en la destrucción inminente de la Tierra y sus habitantes, conducidos por las corporaciones millonarias de gran alcance, los gobiernos y las instituciones financieras para preservar solamente su sistema de explotación y de dominación tanto como sea posible vía un futuro de oscuridades. O podemos trasladarnos a un nivel más alto de la dignidad y civilización humanas en la Tierra del planeta uniéndonos en un mundo bajo la *Constitución para la Federación de la Tierra.*

4. Limitaciones y fallas de las Naciones Unidas

4.1. Muchas naciones y sus gentes no han abrazado todavía verdaderamente un nuevo orden del mundo bajo la *Constitución de la Tierra,* sino que han preferido seguir el sistema de la O.N.U., basado en instituciones fallidas durante los últimos cinco siglos de la era moderna. Las Naciones Unidas fueron creadas por los vencedores de la Segunda Guerra Mundial para asegurar su dominación continuada en los asuntos internacionales. Esto se ha ilustrado en su triste historia de veto sobre veto, al evitar que la mayoría de las naciones en el mundo representen a la mayoría de la gente del mundo, o altere el orden mundial en la dirección de la equidad, libertad, justicia o paz.

4.2. Los ideales incorporados dentro de la Carta de la O.N.U., tal como la prevención "del flagelo de la guerra" son negados por su estructura de organización no democrática y sus asunciones subyacentes. Según la Carta de la O.N.U., el "flagelo de la guerra" debe ser prevenido-en el recurso pasado--por el Consejo de Seguridad que va a guerrear. Tales absurdidades de nuestro actual desorden del mundo impregnan el documento. La Carta de la O.N.U. se basa en "la independencia soberana" de sus Estados miembros, reafirmando el principio dañado y falso de la soberanía territorial. Por esta razón, también las naciones imperiales pueden no hacer caso de la O.N.U. cuando eligen y deciden ir a la guerra, en voluntad enteramente fuera del sistema de la O.N.U.

4.3. En la práctica, por los últimos cinco siglos, esta doctrina de la "independencia soberana" ha significado que las naciones de gran alcance dominen y exploten las naciones más débiles. Ha significado que el norte, a nivel global, haya llegado a ser rico a partir de la explotación global del sur. Hoy, este sistema continúa a través del Acuerdo General del Comercio y Tarifas (GATT) de la O.N.U., el Banco Mundial, el Fondo Monetario Internacional y la Organización del Comercio Mundial. El sur global (África, América Latina y Asia del Sur) es hoy más pobre, más explotado y más desgraciado que antes. La élite rica del norte global es hoy más rica que nunca antes en su historia.

4.4. Las Naciones Unidas no han podido totalmente prevenir la guerra. Ha habido unas 130 guerras desde el advenimiento de la O.N.U. dando por resultado unas 25 millones de muertes relacionadas con la guerra, la mayoría de ellas civiles. La O.N.U. no ha podido crear la seguridad para la gente del mundo. Ha permitido el militarismo desenfrenado del mundo con armas siempre más rápidas y destructivas creadas y desplegadas en la figura de escalonamiento de aproximadamente 850 mil millones dólares de Estados Unidos por año. La inseguridad militar ha aumentado no solamente por todo el mundo, hoy, la gente a nivel internacional hace frente a un número cada vez más creciente de las inseguridades vinculadas directamente con la falla de las Naciones Unidas.

4.5. Con la inseguridad del alimento que ha aumentado por todo el mundo, ha aumentado la inseguridad del agua, la inseguridad con respecto al cuidado médico y la inseguridad de las oportunidades educativas. Bajo el sistema de la O.N.U., millones de personas se han desplazado de sus tierras rurales y se han visto forzados a vivir en tugurios horribles en ciudades gigantescas del tercer mundo para hacer frente al caos, la inseguridad, las drogas, la prostitución de la comunidad, la violencia y el crimen.

4.6. La O.N.U. no ha podido suprimir la pobreza. La pobreza global es hoy más importante que cuando esta institución fue creada. Hoy, bajo la dominación de los Estados Unidos, con su promoción desvergonzada de corporaciones multinacionales--dedicadas al pillaje de los recursos del planeta y del trabajo barato en el servicio del beneficio privado--la O.N.U. apoya más y más las "soluciones privadas", permitiendo que sean estas corporaciones las que provean la educación, el agua, la electricidad, el cuidado médico, drogas vitales, el cultivo, o el transporte en los países en vías de desarrollo.

4.7. Docenas de países alrededor del mundo han considerado sus infraestructuras esenciales y sus servicios destruidos por las reducciones de empleo, o por el control del monopolio de servicios esenciales. El término de "países en vías de desarrollo" es equivocado, porque la mayoría del mundo sigue siendo simplemente un área de servicio colonial para proveer recursos baratos, el trabajo, y los beneficios rápidos a las corporaciones ricas y sus gobiernos del patrocinantes. Bajo el actual sistema, no hay esperanza y ninguna intención verdadera de que estos países "se desarrollen alguna vez".

4.8. Además, la O.N.U. no ha podido limitar la población global que hoy presenta un exceso seis mil millones de personas y el crecimiento anual de ochenta millones de nuevas personas, números de gentes que los recursos finitos de la Tierra no pueden apoyar. Finalmente, la O.N.U no pudo proteger la integridad ambiental de la desintegración de nuestro planeta a pesar de llevar a cabo conferencias enormes sobre la crisis ambiental en Río de Janeiro en 1992 y Johannesburg en 2002.

5. Las esperanzas ambientales del punto muerto Río y Johannesburg

5.1. La Cumbre de la Tierra de junio de 1992 en Río de Janeiro fue un hito en una comprensión sin dificultades de nuestra condición humana en el Planeta Tierra. Los documentos produjeron en la demostración de Río la comprensión de que las crisis globales están interconectadas y correlacionadas. No podemos proteger el ambiente si, simultáneamente, no se elimina la pobreza, se suprime la guerra y el militarismo que controla el crecimiento de la población, y restringe el aumento económico. Sólo un trabajo simultáneo permite actuar con los principios universales que sostienen al sujeto y protegen el bien común del planeta y su futuro.

5.2. Los 35.000 delegados en la Cumbre de la Tierra en Río, acordaron que todo el desarrollo en la Tierra debe ser "sostenible", que el planeta no podría sobrevivir mucho más con un modelo de desarrollo que saquea sus recursos finitos como cornucopia ilimitada para la explotación. No podría la capacidad limitada del planeta absorber los materiales de desecho ni permitir que la contaminación se convierta en pozo negro infinito, en el que desarrollo industrial externaliza indistintamente sus costes y sus basuras en el agua, el aire, y el suelo. Los reunidos en la cumbre de Río entendían que el desarrollo sostenible significa resolver las necesidades y mejorar la calidad de la vida en el presente sin sacrificar la capacidad de las generaciones futuras de resolver sus propias necesidades dentro de un vivir de calidad y dignidad.

5.3. Los delegados en Río crearon uno de los grandes documentos del vigésimo siglo: "Agenda 21". Este documento entendía que los trabajadores y los granjeros en países en vías de desarrollo debían ser autorizados y protegidos, que las protecciones y las oportunidades para las mujeres y los niños por todo el mundo debían consolidarse, que la educación debía diseminarse entre toda la gente del mundo. Un desarrollo corto, "sostenible", debe significar, necesariamente, la reducción del crecimiento de la población, la eliminación de la pobreza y el abastecimiento de la educación necesaria para el desarrollo del individuo. La "Agenda 21" también deja claro que han tenido que fijarse metas definidas y rigurosas, para la reducción del efecto de invernadero— gas-- y el agotamiento de la capa de ozono por las naciones y sus industrias, así mismo señala la necesidad de preservar y restaurar las industrias pesqueras globales, las tierras de labrantío, las tierras de pasto y los bosques. Muchas naciones firmaron la "Agenda 21" y prometieron lograr las metas fijadas para ellas en el documento.

5.4. La Cumbre subsiguiente de la Tierra celebrada en Johannesburg, África del Sur, de agosto a septiembre del 2002 representó un reconocimiento extenso a las fallas de la "Agenda 21" y las esperanzas de Río para recastar el mundo del desastre. El plan mismo de la "Agenda 21" era correcto; pero las naciones del mundo no honraron simplemente la comisión y no exigieron reducir el efecto de invernadero ni el ozono para comenzar a trabajar en maneras que proporcionen la educación, eliminen la pobreza, y reduzcan el crecimiento la población que ayude a crear una economía mundial sostenible e integrada y un orden mundial más equitativo.

5.5. ¿Por qué deberían las 190 unidades territoriales competidoras, cada una con sus propios problemas e intereses en mente, actuar para el bien común de la Tierra y sus generaciones futuras? La misma pregunta resulta ingenua. ¿Por qué las corporaciones multi-billonarias del dólar que saquean la Tierra actuarían para el bien común de las generaciones futuras de la humanidad? Las acciones de estas corporaciones alrededor del mundo demuestran su sentido, a menudo, criminal en naturaleza y funcionamiento. Varios de los libros enlistados en la bibliografía de este documento— manifiesto detallan las correlaciones criminales a nivel mundial entre las corporaciones multinacionales, las instituciones de actividades bancarias, los gobiernos, e incluso el terrorismo global. ¡Cuán ingenuo para la gente en Río creer que cualquier esperanza del ambiente era posible bajo el sistema actual del mundo!

5.6. Muchos de los delegados en Johannesburg reconocieron que los gobiernos nacionales solamente no pueden prevenir el mundo del desastre. Muchos gobiernos no son representativos de su propia gente ya que se encuentran o bien dominados por grandes imperios de negocio, o bien por extremistas religiosos o bien por gamberros criminales (dictadores), todos los cuales, además, dependen de las energías/autoridades o programas de ajuste estructurales del banco mundial. Por esta razón, muchos ciudadanos del mundo han luchado en la conferencia de Johannesburg para conseguir una voz representativa dentro de las organizaciones no gubernamentales en las mesas donde se toman las decisiones.

5.7. Se ha discutido que los gobiernos (y sus socios corporativos) no son sólo capaces de representar los intereses del futuro, sino de la gente del mundo, o del planeta en sí mismo. Un cierto progreso fue realizado al conseguirse que reconocidas organizaciones no gubernamentales (ONGs) incluyeran el diálogo sobre el futuro del mundo. Aunque muchos creen, tristemente, que esto representa un éxito de Johannesburg, en realidad ilustra el fallo completo y la desesperación del proceso de la O.N.U.

5.8. La "Agenda 21" falló no porque sus metas fueran incorrectas o poco realistas, sino porque era un producto de una conferencia de las Naciones Unidas que reconocía la "independencia soberana" de cada una de las 190 entidades territoriales del planeta y afirmaba un sistema económico global de avaricia cruda y pillaje. La "Agenda 21" era simplemente un tratado, como el subsiguiente Protocolo de Kyoto, sobre el ambiente, como la declaración del milenio de las Naciones Unidas en el año 2000, y como cualesquiera de los acuerdos que emergieron en Johannesburg. Posteriormente, las corporaciones y las naciones imperialistas actuaron para destruir el protocolo de Kyoto y crear un sistema para la "contaminación", o como lo llaman, las negociaciones de "emisiones globales". Este sistema ha permitido que se continúe la destrucción del ambiente mientras que contraen acuerdos con el supuesto ambientalismo del "mercado libre".

5.9. La estructura del sistema mundial está profundamente dañada y es absolutamente inadecuada ante las necesidades vitales del mundo que demanda terminar con la pobreza, la guerra, el crecimiento de la población, la degradación ambiental y el caos social. Un sistema de 190 entidades territoriales soberanas que demanda un cierto pedazo del Planeta Tierra, no puede producir equidad, libertad, justicia, ni paz universal. Un sistema económico mundial basado en la avaricia desenfrenada y el interés propio de naciones y corporaciones no puede ofrecer la posibilidad de crear un desarrollo sostenible y prevenir al planeta de un desastre inminente.

5.10. Incorporar nuevas voces de ONGs a la mesa de discusión puede impulsar a que los gobiernos y la opinión pública reconozcan las injusticias existentes. Los grupos de justicia internacional han contribuido a tomar resoluciones sobre las minas terrestres, las cortes criminales internacional, y el ambiente. Sin embargo, se asume ingenuamente que si esto produce remedios adecuados y responsables, podría convertirse en una receta para el desastre total. Las ONGs, como ciudadanos del mundo, tienen una función democrática saludable; pero no el derecho de hablar por toda la humanidad. Las naciones de la O.N.U. no representan toda la humanidad sino a sí mismas y sus intereses soberanos. Ni uno ni otro son elegidos por los ciudadanos de la Tierra para representar sus intereses.

5.11. El sistema de la O.N.U. es tan anti-democrático e injusto como cualesquiera de las instituciones podrían ser. La falla de la O.N.U. de proteger el ambiente global y de crear el desarrollo sostenible no es el resultado de una carencia de la comprensión de los problemas que enfrentamos. Es un resultado de una organización presupuesta en las instituciones particularizadas e inadecuadas de hace cinco siglos atrás (la nación-estado y el capitalismo global) y enteramente inadecuado para tratar necesidades e intereses del presente relacionadas con asuntos universales.

5.12. Agregar una "asamblea de gente" impotente a la ya impotente Asamblea General de la O.N.U., o agregar las voces de algunas ONGs al diálogo sobre el futuro del mundo, es pegar nuestras cabezas en las arenas de la negación y el autoengaño. Es no hacer caso del infierno vivo que es el mundo en que vivimos para una buena porción de humanidad. Es no hacer caso de los cataclismos inminentes sobre nosotros del aumento global de la población, de epidemias globales, de escasez global del agua, del hambre global, del derrumbe global de industrias pesqueras y las tierras de labrantío, del calentamiento global, de inundación global de las tierras costeras, del agotamiento global de la capa de ozono, de la guerra global y del caos social global.

5.13. El gobierno mundial democrático es la única opción racional, el único vehículo posible que puede representar necesidades universales y globales e intereses. *La Constitución para la Federación de la Tierra* se dirige explícitamente a las crisis globales que confrontamos en nuestro planeta: población, pobreza, militarismo, cuidado médico, educación y ambiente. Da a los representantes elegidos de la gente soberana de la Tierra la autoridad legal y el mandato para crear el desarrollo sostenible para la Tierra entera y para transformar el mundo a uno de equidad, libertad, justicia, y paz. Ninguna otra fuerza en la Tierra puede lograr esta tarea dentro del tiempo limitado disponible para nosotros.

5.14. Sustituir a la Carta de la O.N.U. por *la Constitución de la Tierra* no significa desmontar muchas organizaciones excelentes de la O.N.U. ni de su infraestructura meritoria que se pueda utilizar como base para las agencias del gobierno mundial referidas al cuidado médico, el bienestar de los niños, los derechos de la mujer, el desarrollo sostenible, la educación y el intercambio cultural, los estándares de trabajo, envío internacional, las regulaciones postales, meteorología, los estándares ambientales, y otros campos importantes. Muchas agencias de la O.N.U. hacen un trabajo excelente en todas estas áreas a pesar de los impedimentos de las naciones soberanas y la economía global. La *Federación de la Tierra* aumentará inmediatamente el financiamiento y alcance global de todas las agencias meritorias de la O.N.U., convirtiéndolas en los ministerios de la Federación. Muchas agencias de la O.N.U. tienen valores y deben ser preservadas. Es la Carta de la O.N.U. con sus asunciones dañadas la que debe ser sustituida.

5.15. El sistema fallido de las Naciones Unidas está conduciendo al mundo más cerca del desastre, como fue reconocido por muchos en Johannesburg. Invertir más tiempo y energía en ese sistema es una acción suicida. Somos un mundo, una humanidad, un ecosistema global, un sistema de información y comunicación. Somos profundamente interdependientes y estamos de la misma manera correlacionados con las otras persona del planeta. Con todo no hemos podido crear ninguna institución global basada en esta verdad. *La Constitución para la Federación de la Tierra* es el único documento viable basado en esta comprensión. Su preámbulo indica que la "humanidad es una", y que el principio de la "unidad-en-diversidad es la base para una nueva era en que la guerra sea proscrita y prevalezca la paz", en la que "los recursos totales de la Tierra serán utilizados equitativamente para el bienestar humano".

5.16. La *Constitución de la Tierra* representa, por primera vez en la historia humana y de sus instituciones, una visión planetaria, de responsabilidad y planeamiento democrático conducido para el desarrollo sostenible y el bienestar de las generaciones futuras. Ésta es la única opción verdaderamente viable, extensamente publicada y disponible pues hacemos, tempranamente, frente a la encrucijada del vigésimo primer siglo. ¿Vamos a continuar en nuestro curso desastroso de procurar ocuparnos de crisis planetarias a través de instituciones fragmentarias y divisivas de casi cinco siglos de antigüedad?

5.17. ¿O debemos trasladarnos a un nuevo nivel de la existencia en este planeta, quizás satisfaciendo el mismo significado de nuestro peregrinaje histórico en la Tierra? ¿En este debemos crear las instituciones planetarias que representan a toda la población de la Tierra, todas las criaturas vivas de la Tierra, así como trabajar por el bienestar de las generaciones futuras? Nosotros, los Delegados del Parlamento Mundial Provisional, junto con los muchos millares de ciudadanos que ya han ratificado la *Constitución de la Tierra* alrededor del mundo, reconocemos que somos los líderes y los heraldos de un nueva orden mundial, verdaderamente presupuesto en los principios universales de la equidad, la libertad, la justicia, y la paz. Nuestra responsabilidad es, correspondientemente, inmensa. Debemos continuar activando un movimiento global entre la gente y las naciones de la Tierra para ratificar la *Constitución* y para iniciar un gobierno mundial verdaderamente democrático y federal antes de que se haga demasiado tarde.

6. La condición de nuestro mundo en el amanecer del vigésimo primer siglo

6.1. *La crisis del agua dulce.* Hay una escasez cada vez mayor de agua dulce a nivel mundial. Cada vida individual necesita aproximadamente ciento quince litros diarios de agua potable diariamnete. Con todo, centenares de millones viven con menos de treinta y ocho litros diarios. A medida que la población del planeta continúa aumentando-ochenta millones de personas por año--crece la necesidad del agua. Los acuíferos subterráneos que abastecen la mayor parte del agua están disminuyendo en un número alarmante. Hace algunas décadas, los niveles de la agua subterránea podían encontrarse tras algunos metros subterráneos de excavación. Hoy, en muchos lugares, los pozos especiales y los sistemas de bombeo requieren una excavación de más de 180 metros para encontrar el agua.

6.1.1. El tamaño de los acuíferos subterráneos gigantes--de los que las comunidades dependen para la irrigación de los campos y las ciudades--se está contrayendo constantemente. El acuífero debajo del cercano oeste de los Estados Unidos es ya la mitad del tamaño que era hace menos de cien años. Además, el desarrollo industrial insostenible ha envenenado sistemas del agua alrededor del mundo al contaminar muchos sistemas de agua subterránea con metales pesados y otras toxinas de las minas, de la perforación petrolífera, o de la fabricación.

6.1.2. Los gobiernos del mundo tampoco han actuado para preservar el agua de la lluvia. No han actuado para preservar los bosques que conservan el agua dulce sobre la Tierra y sirven como conducto para mover el agua interior desde el mar. Los sistemas de irrigación, de contabilidad del uso del agua dulce a nivel mundial, impulsan irresponsable maximaciones del agua, que no preservan la Tierra para las generaciones futuras. Mientras tanto, los sistemas de irrigación por goteo que están disponibles podrían conservar un enorme volumen de agua dulce o potable.

6.1.3. ¿Cómo se controlará la crisis global del agua sin un gobierno democrático mundial? Las naciones-estado no tienen ninguna capacidad de tratar este fenómeno global. Aunque los patrones de agua son globales, el calentamiento global los está transformando, creando sequías en algunos lugares e inundaciones y huracanes en otros. Las fuentes del agua cruzan las bandas, como por ejemplo, las fuentes del agua en Bangladesh, con sus problemas inmensos de inundación que nacen en gran parte en la India. Actualmente, los sistemas de acueducto en muchas naciones se han privatizado, colocándolos en manos criminales de corporaciones internacionales. Los precios del agua se han elevado súbitamente, mientras que la pureza y la protección de los abastecimientos de agua limpia se han evaporado. Solamente el Parlamento Mundial que opera bajo la *Constitución de la Tierra* puede crear una política realizable del agua para el planeta entero.

6.2. *La crisis de la pobreza*. La pobreza es hoy mayor que nunca antes en la Tierra. 1,5 mil millones de personas, o cerca del veinte por ciento de la población del planeta, vive con menos de un dólar estadounidense por día. Esto significa que una gran porción de la población se va con hambre a la cama cada noche. Significa también un aumento del número de niños subalimentados-ya millones--y la pérdida intelectual de un potencial humano inmenso debido a la desnutrición que conduce, a menudo, al retraso o disminución de la creatividad y el desarrollo.

6.2.1. A menudo se dice que hay suficiente alimento producido globalmente para alimentar a toda la gente en la Tierra. Pero el sistema económico global distribuye ese alimento a los que puedan pagar y a las primeras naciones ricas del mundo, y deja a centenares de millones de personas en el mundo en el hambre. La pobreza no puede eliminarse con dar recursos directamente a la gente con hambruna. La caridad no es desarrollo.

6.2.2. La pobreza se puede eliminar solamente con programas extensos educativos y de salud para erradicar las enfermedades y el potencial disminuido que la acompaña, así como con el desarrollo de un capital financiero que active justamente las economías locales y regionales, y contribuya al desarrollo de la infraestructura para realizar el efecto multiplicador económico que se origina de la circulación del dinero extensamente a través de los productores y consumidores del mundo.

6.2.3. No hay ninguna institución creada a nivel mundial que pueda lograr la realización de estas metas de una manera eficaz y oportuna. Lograr estas tareas necesitaría de recursos tales como el planeamiento, la coordinación, ante el descuido inmenso de proporcionar educación, salud, capital financiero equitativo y una infraestructura de la alta calidad a través del mundo. Solamente el gobierno mundial que representa *la Federación de la Tierra* podría hacer esto. Sin un gobierno mundial eficaz, no hay esperanza de eliminar la pobreza y la miseria de la Tierra.

6.3. *La crisis de los recursos alimenticios*. En nuestro planeta, hay por lo menos cuatro fuentes comunes de las que los seres humanos y los animales dependen para alimentarse y sobrevivir: tierras de labrantío, tierras de pasto, industrias pesqueras del océano, y bosques. Todos estos recursos o fuentes se están degradando y destruyendo en números alarmantes.

6.3.1. Las tierras de labrantío están perdiendo mil millones de toneladas de tierra vegetal cada año debido la erosión y métodos insostenibles de cultivo. Las mismas, a nivel mundial, están sobre cultivadas, lo que conduce a un agotamiento y deterioro. Millones de hectáreas cultivables o productivas llegan a ser inutilizables cada año lo cual termina por disminuir la producción del alimento que necesitan los seres humanos.

6.3.2. Las tierras de pastoreo, donde manadas de cabras, vacas, ovejas u otros animales pastan, se están degradando y disminuyendo por el abuso de las mismas y conduce a la desertificación cada vez mayor de todo el mundo. Los desiertos, han aumentando de tamaño y, en gran parte, no pueden albergar la vida humana o animal. Algunos estimados señalan que el cincuenta por ciento de la tierra en Asia y África no son habitables.

6.3.3. Las industrias pesqueras del océano se encuentran moribundas, debido al exceso de la pesca, o sea, el abuso de este recurso así como al aumento de las temperaturas oceanográficas del calentamiento global. El tonelaje de las reservas de pescados disminuye cada año. En algunos casos, como la industria pesquera del Atlántico Norte, se han producido derrumbes, que han afectado los millones de toneladas de proteína provistas cada año en el mercado.

6.3.4. Finalmente, estamos perdiendo los bosques a nivel mundial. Estos son los que alimentan el suelo y el subsuelo, y los conservan de la erosion, almacenan el agua dulce y la mueven interiormente, moderan el clima, proporcionan no sólo un hábitat para las criaturas salvajes de la tierra, sino la abundancia de los materiales biológicos y el bienestar humano. Estos son también "los pulmones de la Tierra", puesto que absorben el bióxido de carbono emitido por la mayoría de los procesos industriales humanos y emiten oxígeno para llenar la atmósfera. Junto con las tierras de labranza, de pastoreo y las industrias pesqueras, los bosques están desapareciendo del planeta en porcientos alarmantes. A nivel internacional, aproximadamente, treinta millones de hectáreas de selva tropical desaparecen cada año.

6.3.5. De manera similar a lo que ocurre con el origen de las otras crisis enumeradas, sus causas son bien conocidas, entendidas e, incluso, relacionadas o entretejidas con los factores que causan el resto. Cada año, el militarismo internacional dedica 850 mil millones de dólares estadounidenses lo que, obviamente, afecta negativamente los recursos que se deben utilizar para la educación y desarrollo del sujeto humano. El militarismo global produce cantidades inmensas de basuras tóxicas, y sus guerras producen estragos ambientales. También, el crecimiento de la pobreza a nivel mundial es un factor que contribuye a la destrucción de los bosques puesto que esta parte de la población—mayoritaria además— utiliza la madera de los árboles para cocinar.

6.3.6. Además, el sistema económico global de avaricia e intereses financieros sin regulación, ha abusado del cultivo, la ganadería y la pesca, y por lo tanto, ha contribuido a la destrucción de recursos básicos para las generaciones futuras de este planeta. La contaminación industrial y la producción continúa tanto del gas de invernadero como el gas que se agota de la capa de ozono, disminuyen diariamente la capacidad de que el planeta pueda habitar vida en el futuro.

6.3.7. ¿Qué instituciones en nuestro mundo han demostrado la capacidad de haber coordinado, preparado, o financiado un plan estratégico diseñado para ocuparse, simultáneamente, de todas estas crisis interdependientes y correlacionadas? No hay ninguno, mucho menos las Naciones Unidas que se ha consolidado en las instituciones anticuadas y fragmenterias y ha confiado los problemas actuales a sistemas barbáros y anticuados "naciones-estado soberanas" y al pillaje de las corporaciones.

6.3.8. Es necesario no simplemente una política coordinada para la conservación, sino una política dinámica dirigida a invertir-y revertir--el enorme daño ocasionado al planeta con el objetivo de restaurar la salud ecológica del planeta. Solamente un Parlamento Mundial--que represente a todos los pueblos a nivel mundial así como a las generaciones futuras-con la autoridad y los recursos para conducir a la humanidad a un nuevo orden mundial de equidad, libertad, justicia y paz, puede proporcionar la solución a estos problemas de otra manera insuperables.

6.4. *La crisis ambiental.* La crisis de los recursos alimenticios y la crisis del agua, son parte de una interrupción multidimensional de los sistemas ecológicos planetarios. El agotamiento de la capa de ozono--que protege la vida contra la mortal radiación ultravioleta de los rayos del sol-la destrucción de los bosques y del fitoplancton de los océanos, el agotamiento de las fuentes del agua dulce, y la acumulación anual de millones de toneladas de basuras tóxicas en el aire, el agua y el suelo, constituyen obstáculos sustanciales para la salud ambiental del ecosistema y presagian un desplome ambiental universal.

6.4.1. El calentamiento global del efecto invernadero es un hecho científico extensamente reconocido que ha dado lugar ya a cambios masivos del patrón del tiempo, crecientes deshielos de los polos y las "tempestades sin precedentes". Se reconoce extensamente que el calentamiento global conlleva inevitable levantamientos e inundaciones de las tierras de las costas, lo cual desplazará a más de mil millones de personas y sumergirá una buena porción de las tierras de labranza restantes. A pesar de todo lo poco lo que se hace para cambiar este panorama pesadillesco, se sabe que la demanda del petróleo—causa principal del calentamiento global—aumentará en un treinta por ciento en los próximos diez años. Hoy, las naciones y las corporaciones multinacionales están luchando--económica, política y militarmente--para asegurar la "estabilidad" de los países que tienen reservas de petróleo disponibles en Asia, por ejemplo, en el mar Caspio.

6.4.2. Bajo el actual sistema mundial tal locura--con la energía y el beneficio que el control del petróleo trae--es inevitable. Solamente una *Federación* que represente a la Tierra entera podría tener la voluntad y la autoridad para que el mundo funcione con energía solar, de viento, acuática, de hidrógeno, y halle maneras de disminuir y reciclar la basura tóxica para proteger la capa de ozono, y restaurar las otras características esenciales de la Tierra, necesarias además para una vida humana de calidad para todas las personas.

6.5. *La crisis de la población*. Los tugurios repletos y el caos social de Mumbai, Dhaka, Ciudad de México, D.F., o Río de Janeiro propagan enfermedades como la malaria, el cólera, la tuberculosis y el SIDA. Los mismos colaboran en la contaminación al cocinar con fuegos innumerables de carbón de leña, y ahogan aun más, en estas áreas minúsculas, los recursos disponibles y la vida de las personas que viven en estos lugares. Tales tugurios, en centenares de ciudades alrededor del mundo, crean problemas inmensos del saneamiento y el agua.
Contribuyen a crear el caos social, el crimen, la droga y el alcohol que se consolidan como en un ciclo, y terminan por dañar el ambiente por la sencilla razón de que hay muchos seres humanos compartiendo un espacio demasiado pequeño e insalubre, la más de las veces.

6.5.1. La superpoblación causa grandes estragos y ahoga cada vez más a las personas en las regiones agrícolas y las aldeas. Desesperados por pagar el alquiler o conseguir un trabajo, millones de personas marchan hacia los tugurios de las grandes ciudades—monstruosas--donde les espera una vida pesadillesca de sufrimiento y privación.

6.5.2. Se estima que ochenta millones de personas nacen anualmente en el planeta. Para el año 2025, los científicos estiman ocho o nueve mil millones de habitantes en nuestro planeta. Nótese que ya, incluso, la población del presente no puede ser sostenida por los recursos finitos y disminuidos de la Tierra como revelan los datos de que el noventa por ciento de ochenta millones de niños nacidos en el mundo cada año nacen en extrema pobreza. Cada persona que nace requiere sus ciento quince litros diarios de agua potable, alimentación, cuidado médico, educación y recursos infraestructurales. Mientras tanto, cada individuo produce una cantidad de basura--cada vez mayor--y de contaminación que debe ser absorbida por el ambiente.

6.5.3. Mientras algunos gobiernos han tenido éxito limitado en la reducción de la población, se debe notar que el problema es global, no territorial. Reducir el crecimiento de la población en Kenia, por ejemplo, afecta poco el futuro del mundo si en otros sitios se contribuye a continuar agregando ochenta millones de personas cada año. Solamente un gobierno democrático mundial tiene la autoridad y los recursos para promover la salud del planeta entero.

6.5.4. Bajo el sistema territorial nación-estado los remedios son tan simples como imposibles. La eliminación de la pobreza, la garantía educacional, el apoyo de programas de planificación familiar, y la organización adecuada de los recursos, en una escala global, puede reducir rápidamente el índice de natalidad en el planeta. Algunos estiman que razonablemente la Tierra puede solamente sostener cerca de 2,5 mil millones personas. Bajo el actual orden mundial, la meta de reducir la población de la Tierra a este nivel es una mera quimera. Con la *Federación de la Tierra,* la reducción de la natalidad es una posibilidad sensible y racional, y puede ser lograda en el plazo de quince a veinte años del inicio del gobierno mundial.

6.5.5. El beneficio neto no será costoso para la gente de la Tierra. La reducción de la natalidad, con la educación, programas de planificación familiar y la eliminación de la pobreza, agregará potencial al sujeto humano, eliminará el costo de enfermedades desenfrenadas y la propagación del SIDA; eliminará los efectos costosos de la contaminación generados por una población insostenible, y liberará los recursos de la Tierra para la prosperidad de las generaciones futuras.

6.6. *La crisis de las enfermedades*. La sobrepoblación, la carencia de un sistema de saneamiento de aguas residuales y la pobre calidad del agua, la escasez de tierra fértil, la inadecuación alimenticia, la contaminación ambiental y las limitaciones de la salud que padecen los pobres del mundo, todas ellas, son causas de las enfermedades. El cincuenta por ciento de la población mundial carece de los sistemas adecuados de saneamiento de aguas residuales que fluyen en corrientes y los ríos, en los charcos de los caminos donde los niños juegan y los adultos caminan. Los pobres sistemas de aguas residuales amenazan las fuentes de agua limpia y son parte esencial de los riesgos del sujeto y posibles fuentes de enfermedades.

6.6.1. Las enfermedades como el cólera y la tifoidea son comunes en el presente. Estas enfermedades han sido eliminadas en países desarrollados--y algunos en vía de desarrollo--porque se han estudiado sus causas y se sabe cómo eliminarlas por medio del saneamiento y la limpieza de sistemas de acueductos. Sin embargo, el problema no es la carencia del conocimiento, el problema es el sistema mundial de hoy que hace que el abastecimiento de agua limpia y su saneamiento sea una imposibilidad para los países pobres.

6.6.2. Cualquier persona que viaje por Asia del Sur, América del Sur o África se siente conmovida por el número de lisiados y paralizados que viven en cada ciudad y aldea. La poliomielitis y otras enfermedades prevenibles son comunes y las personas lisiadas por estas enfermedades debido a la falta de prevención, resultan frecuentemente menos productivas y útiles para el potencial económico de sus sociedades. La muerte temprana y la presencia de enfermedades tales como la tuberculosis, la malaria, o el SIDA, bastante comunes en estos lugares, se originan igualmente de la falta de sistemas de salud en estos países pobres donde la tuberculosis ha ido en aumento al igual que el SIDA. Ocuparse de estas enfermedades requiere también dar atención al resto de las crisis globales esbozadas en este manifiesto que requiere sistemas eficaces de saneamiento para todos, acueductos limpios y adecuados como fuentes de agua para todos, sistema de educación y de salud adecuados así como suministros de alimentos nutritivos, adecuados para todos

6.6.3. La transformación en una orden mundial decente no es un lujo o un sueño utópico. Es una necesidad absoluta si el mundo desea tener un futuro. A la altura de más de un siglo después de que la microbiología descubriera las causas de la mayoría de las enfermedades, muchas décadas después del desarrollo de las tecnología para la purificación del agua y el saneamiento, muchas décadas después del descubrimiento y desarrollo de los antibióticos y de las drogas adecuadas para el control de la mayoría de las enfermedades, las enfermedades innecesarias--las perfectamente previsibles o controlables--todavía están aumentando alrededor de todo el mundo.

6.6.4. Es una vergüenza para toda la humanidad que las enfermedades prevenibles se hayan convertido en epidemia entre los pobres del mundo. Y es una evidencia que sólo bajo la *Federación de la Tierra* y su *Constitución* habrá una preocupación en asignar por mandato-- obligatoriedad--el cuidado médico, la educación, el saneamiento del ambiente. Todo esto no será sólo para aquellos que puedan pagar, o dominan y explotan el resto para su propia ventaja.

6.6.5. Tomemos por ejemplo el epidémico SIDA. El cuidado de esta sola enfermedad requiere recursos extensos y esfuerzos coordinados a nivel mundial; pero no todos los enfermos pueden recibir estos cuidados. El continente africano, de manera casi completa, está siendo asolado por el SIDA, con 28 millones de casos estimados en el año 2003. Solamente la *Federación de la Tierra,* con los recursos, la autoridad, y el planeamiento coordinado para tratar simultáneamente el saneamiento global, la pobreza, la erradicación de las enfermedades, la contaminación, el militarismo, la degradación de la Tierra, el calentamiento global, las protecciones globales, y la educación universal puede tratar adecuadamente el SIDA epidémico o prevenir los problemas de enfermedades.

6.7. *La crisis de la educación*. La educación universal de calidad es absolutamente fundamental para el desarrollo sostenible, junto con la eliminación de la pobreza, la prevención y erradicación de enfermedades, y el control de la natalidad. En los llamado países en "vías de desarrollo", unos 120 millones de niños no acuden a la escuela primaria, incluso, en lugares en los cuales hay disponibilidad de la enseñanza, muchos millones de niños pobres deben comenzar a trabajar a una edad temprana para ayudar a sus familias para sobre-vivir.

6.7.1. En la actualidad se ven niños de ocho o nueve años de edad, descalzos y a veces huérfanos, que piden limosnas a los automóviles detenidos en las luces de los semáforos de Managua y Mumbai. En Africa, se estima que la epidemia del SIDA podría dejar a veinte millones de niños huérfanos dentro de los años próximos. Estos niños, junto con otros que sufren pobreza desesperada similar tendrían—tienen—pocas o ninguna oportunidades de aprender a leer y escribir, mucho menos de recibir suficiente educación para convertirse en agentes eficaces en la transformación de la sociedad global hacia la equidad, la libertad, la justicia y la paz.

6.7.2. Las naciones pobres, estranguladas por la deuda internacional de las instituciones financieras del Banco Mundial y del llamado primer mundo, están siendo forzadas con programas de ajustes estructurales a vender al sector privado sistemas educativos públicos, sistemas del transporte, sistemas de acueducto y de salud, entre otros, un beneficio que claramente se dirige en favor de las empresas. En consecuencia, la educación resulta cada vez más inaccesible para la mayoría y termina por ser elitista en virtud de que sólo aquellos que pueden permitirse pagar las escuelas privadas aprenden las herramientas necesarias para el éxito. Una de las opciones es abandonar sus países en una escapada hacia el llamado "primer mundo", en busca de una educación para sus hijos. Algunos países pueden permitirse acoger un inmigrante educado o profesional a menudo, y esta "fuga de cerebros" disminuye el número de expertos necesarios para el desarrollo sostenible.

6.7.3. Aunque la educación es absolutamente esencial para el desarrollo individual y social, ésta no es una prioridad para aquellos que luchan por sobrevivir cotidianamente. Junto con las otras características de nuestras crisis planetarias, no es posible ofrecer la educación sin haber eliminado pobreza, o saneado los sistemas de agua, o desarrollado una infraestructura de caminos y líneas de comunicación telefónicas. La educación no es posible mientras que los países pobres pierdan sus recursos en comprar armas cada vez más sofisticadas-y caras--de sus comerciantes. La educación no es posible cuando el planeta recibe ochenta millones de nacimientos cada cada año. La educación no es posible dentro de un sistema de escasez siempre en aumento, del alimento o del agua.

6.7.4. Crear a una población educada, capaz de ofrecer soluciones enérgicas y creativas para su desarrollo sostenible requiere la transformación completa de nuestras actuales instituciones y una solución integrada ante el nexo correlacionado de las crisis globales. Solamente el gobierno federal mundial conforme a la *Constitución de la Tierra* tendría los recursos, la visión universal, y el acercamiento integrado, global necesario, para solucionar los problemas mundiales que pongan la educación en el centro de una política global de desarrollo sostenible. La gente educada y enérgica puede solucionar sus propios problemas locales de saneamiento de acueductos y funcionar amén de sus propias burocracias gubernamentales, iniciar proyectos para el desarrollo, y el control del incremento de la natalidad.

6.7.5. La radio, la televisión, el teléfono y el internet que sostienen el espectro de los medios de comunicación deben ser utilizados por los países en vía de desarrollo para ofrecer una educación gratuita a sus poblaciones, referidas estas al saneamiento, la planificación familiar, los métodos agrícolas, el control de las enfermedades, y los proyectos en desarrollo. Hay un enorme potencial de transformación institucional por medio de la educación que es casi imposible lograr junto a las actuales instituciones internacionales.

6.7.6. Las corporaciones están interesadas en el beneficio privado, no en la educación ni en cambios fundamentales. Los gobiernos están, a menudo, interesados en el militarismo y en consolidar su control o energía, en lugar de pensar en cambios fundamentales. Solamente el gobierno mundial bajo la *Constitución de la Tierra* podría solucionar la crisis de la educación y hacer posible una educación de calidad para cada ciudadano de la Tierra. Sólo el gobierno mundial bajo *la Constitución* trabaja sin miedo hacia un cambio social fundamental, puesto que su mandato es, exactamente, el cambio fundamental que cree un mundo de equidad, libertad, justicia y paz.

6.8. La crisis de la economía global. Las protestas contra el Banco Mundial y de la Organización del Comercio Mundial en sus reuniones alrededor del mundo han acentuado la naturaleza elitista del sistema económico global, controlado por corporaciones multinacionales e instituciones financieras del "primer mundo", así como de los gobiernos de gran alcance o poder mundial. Este sistema económico, a pesar de la retórica del "libre cambio" o del "desarrollo" se ha diseñado, al igual que sus precursores colonialistas, para beneficiar a los financieros de gran alcance mundial, pero no hace caso de las consecuencias que sufre el resto de las personas en el presente y aun en un futuro nada lejano.

6.8.1. Las corporaciones han ganado una energía extraordinaria en las últimas décadas. Incluso, éstas pueden ser más activas que muchos gobiernos, y se debe recordar que su trabajo ha estado basado en lograr exenciones de sus acciones o prácticas en las consecuencias ambientales o sociales. Las corporaciones pueden ahora demandar a los gobiernos ante de tribunales secretos de la Organización del Comercio Mundial (WTO). Si, por ejemplo, las leyes ambientales interfieren con el margen de beneficio de las corporaciones que hacen negocio en esos países, las regulaciones económicas globales se formulan en secreto y son impuestas a los países débiles. A las corporaciones no les interesa el bien común de los seres humanos, de la sociedad ni del planeta. En sus mentes sólo está el deseo de prosperidad y beneficio para las instituciones financieras privadas.

6.8.2. ¿Quién debe regular las corporaciones y los gobiernos de gran alcance que las apoyan? ¿Quién debe representar un sistema económico racional, democrático planeado, y equitativo, diseñado y dirigido hacia el desarrollo sostenible universal? La O.N.U. ha sido colonizada sin dificultades por estas corporaciones multinacionales y dominada por los gobiernos de gran alcance que representan estas corporaciones, sobre todo, los Estados Unidos. Sin dificultades, el Banco Mundial y el FMI sirven a estos mismos intereses.

6.8.3. El actual sistema económico global ha destruido trabajos en masa a nivel local y global. Ha creado una especie de comercio inferior en el que muchos países pobres compiten para vender sus preciosos recursos naturales—materias primas--u otros productos de exportación a precios muy bajos. Ya se han destruido regulaciones ambientales eficaces en todas partes, lo cual ha conducido a las economías de naciones enteras a estrellarse y quemarse en un caos de pobreza, desintegración social y desempleo. Algunos ejemplos de esto-por mencionar sólo algunos--son la destrucción de las economías de Somalia, Rwanda, Tanzania, Indonesia, Bolivia, Ecuador y la Argentina, a las cuales sobreviene, en la mayoría de los casos, la violencia y la desintegración social.

6.8.4. Un sistema económico decente para el mundo que promueva prosperidad universal y que termine con la explotación y el dominio de intereses privados es imposible sin el gobierno mundial federal conforme a la *Constitución para la federación de la Tierra.* Solamente las leyes ejecutorias mundiales, aplicables a todos los individuos—igual a los jefes de corporaciones o jefes gobiernos--pueden darnos la suficiente regulación económica democrática que conduzca a la eliminación de la pobreza y active el desarrollo sostenible genuino alrededor de todo el mundo.

6.8.5. Los principios de un sistema económico global decente son de sentido común—racional-- y fácilmente alcanzable. Algunos de éstos serán descritos en las páginas siguientes. En este punto deseamos aclarar que no podemos ocuparnos de las numerosas crisis globales ya mencionadas sin un sistema económico planetario equitativo y próspero. Solamente la ley democrática legislada y el poder ejecutivo mundial puede crear tal sistema.

6.9. *La crisis del militarismo global.* El militarismo global no ha disminuido con el fin de la Guerra Fría. Las ventas de armas han aumentado a nivel internacional. Y el mundo no ha podido crear interdicciones eficaces para erradicar las minas de los territorios, ni la venta de armas nucleares, misiles intercontinentales, o espaciales. Las armas químicas y biológicas todavía son investigadas y desarrolladas por muchas naciones.

6.9.1. Las fuerzas de gran alcance tienen enormes intereses económicos e imperialistas en contra de la prevención de cualquier control progresivo de armamentos o desmilitarización. Hemos visto que el mundo gasta aproximadamente 850 mil millones de dólares estadounidenses por año en carreas militares y en la guerra. Se dice que solamente la mitad de esta cantidad de dinero anual podría transformar el mundo en uno de equidad, prosperidad e integridad ambiental.

6.9.2. No obstante, decirlo y no hacer nada, no es de gran ayuda para lograr limitaciones de armamentos o desmilitarización. Decir "la mitad para transformar" sin desafiar a las instituciones globales que promueven la guerra--el sistema de naciones soberanas supuestas y el sistema económico global que hace guerra y el militarismo extremadamente provechoso para algunas corporaciones de gran alcance--es indicar un sueño simplemente utópico.

6.9.3. Nada puede controlar el militarismo a nivel internacional bajo el sistema u orden mundial actual, ni las organizaciones no gubernamentales (ONGs), ni la O.N.U., ni los naciones-estado ni los individuos. Bajo el sistema actual de naciones-estado "soberanos" militarizados, hay una tentación casi inevitable--dentro de naciones grandes y pequeñas--de intentar imponer soluciones militares ante problemas esencialmente económicos, sociales y políticos. El resultado es inevitablemente desastroso, frizando en abusos inmensos de los derechos humanos, en la devastación de la infraestructura civil, en la destrucción ambiental, en rebelión y el malestar social, en el aumento de grupos radicales terroristas, en el fundamentalismo religioso y en un gran número de otros problemas. El resultado del pensamiento en términos de violencia y coerción--que es lo que lo hace todo el pensamiento militar-es que las naciones se vean implicadas en un complejo de corrupción global que, incluso, las conduce del brazo y las hace apoyar algún grupo terrorista mientras intentan suprimir otros.

6.9.4. Los movimientos terroristas, extremistas o radicales, prosperan bajo condiciones de un desorden militar y violento que guerrea el mundo. Tales movimientos terroristas son una respuesta inevitable al terrorismo de estado. Y casi cada acción militar de las naciones asciende, exactamente, a eso, a ser terrorismo de estado. La definición estándar del terrorismo--uso ilegal de la violencia y coerción para lograr metas sociales o políticas--cabe tanto para las acciones militares de las naciones como para los grupos extremistas. La solución al terrorismo de grupos radicales y al terrorismo de estado es suprimir legalmente a todo el terrorismo y las actividades militares alrededor del mundo. Son dos caras de la misma moneda.

6.9.5. El gobierno mundial conforme a la *Constitución de la Tierra* suprime a todos los militares y se concentra en los problemas económicos, sociales y políticos que crean extremismo y malestar social. Anima el pluralismo político, religioso y cultural sin suprimir los grupos sus voces. Trata las raíces del terrorismo que implican la supresión de la participación, de la pobreza, de la explotación y de la dominación política de los menos ricos--mayoría--por los pocos más ricos--minoría. Así se romperá el ciclo de la violencia para siempre.

6.9.6. Sin un gobierno mundial eficiente conforme a la *Constitución de la Tierra,* no hay posibilidad de tomar ventaja--casi inimaginable--de los $850 mil millones de dólares perdidos por razón del militarismo para un mundo de desarrollo sostenible y bienestar humano. La *Constitución* prohíbe al gobierno mundial tener sus propios militares en cualquier forma. Por lo tanto, no se perderá ningún recursos de la federación en el militarismo. Bajo la *Constitución de la Tierra* las naciones que la conforman--y ellas serán multitudes una vez que consideren las ventajas increíbles de la unión--son requeridas por ley que se desmilitaricen bajo la supervisión cuidadosa de la agencia de desarme mundial.

6.9.7. Cada nación integrante de la Federación requiere dar la mitad del presupuesto militar cada año al gobierno federal y puede guardar la otra mitad de esta cantidad para sus propios propósitos. Las naciones integrantes de la federación tendrían, así, inmediatamente no sólo las ventajas innumerables de un gobierno federal mundial, financiado con el dinero que se perdía en actividades militares, sino que cosecharía las ventajas de retener la mitad de sus fondos para propósitos de desarrollo que antes perdía en militarismo.

6.9.8. Esta es la clave para crear un orden decente y civilizado mundial para tratar todas las crisis mencionadas en este manifiesto. El dinero para transformar el actual orden mundial a uno de equidad, libertad, justicia y paz es fácilmente accesible. Esta única fuente puede proporcionar $850 mil millones dólares por año. Pero no hay manera de dirigir esta cornucopia de abundancia ahora perdida sin la autoridad y legitimidad de un gobierno mundial democrático. La O.N.U. ha fallado, desgraciadamente, en este respecto, por lo que su fallo evidencia que no puede defenderse la integridad del sistema de nación-estado, economía global basada en el modelo occidental de avaricia, explotación financiera e intereses propios de las corporaciones que demandan que la paz sea preservada con la guerra, al crear ejércitos de la O.N.U., conocidos como fuerzas de la paz (peacekeeping). Con estas aciones resulta imposible disminuir el militarismo que crece en el mundo.

6.9.9. Conforme con la *Constitución de la Tierra* se desarmarían todas las naciones, y el gobierno mundial federal en sí mismo garantiza ser democrático y no militar. Todas las armas de destrucción masiva se destruirían cuidadosa y sistemáticamente. Los gobiernos desarmados sin los ejércitos ni armas no invadirían ni atacarían a otros. Los grupos extremistas no emergen como "de la nada" contra la supresión militar. Los conflictos son manejados por el sistema judicial mundial diseñado para crear un orden y equidad mundial, con la participación política de cada uno en el Parlamento Mundial. El Gobierno Mundial crea asimismo un departamento independiente llamado *Ombudsmus*--los defensores mundiales del pueblo--para representar a aquellos que consideren que sus derechos bajo la *Constitución* se han violado. Esta policía mundial posee solamente las armas necesarias para aprehender individuos, porque solamente los individuos (y no las naciones enteras) cometen crímenes.

6.9.10. Los crímenes--en la forma de la fabricación de armas prohibidas, de violaciones de los derechos humanos por los jefes de estado, o por las políticas de corporaciones ambientalmente destructivas-son cometidos por individuos, y una sociedad global bajo una ley tiene la autoridad y el poder de arrestar y procesar a estos individuos. La locura de atacar a la gente de una nación entera por los crímenes supuestos de algunos da fin conforme a la *Constitución de la Tierra.* No habrá bombardeos de la buena gente, los civiles de Yugoslavia, porque se sospechen crímenes de sus presidentes, no habrá más bombardeos de civiles en Afganistán porque se sospeche que el país alberga terroristas, no habrá más invasiones contra civiles en Iraq porque se sospechen crímenes de sus líderes.

6.9.11. La locura del sistema actual mundial basado en las naciónes-estado, dichos "soberanos", en el que una nación entera se debe atacar militar o castigar económicamente debido a los crímenes sospechados de algunos se debe suprimir por siempre. La única manera de suprimir este sistema nada saludable es crear una *Federación de la Tierra desmilitarizada* en el que se agrupen todos los individuos del planeta conforme a un gobierno y una ley legislada democráticamente. Los líderes o gobernantes de gran alcance, las corporaciones o las naciones imperiales no estarán, en lo adelante, excentos de ser detenidos o procesados como sucede actualmente. Los terroristas y los violadores de derechos humanos, en lo adelante, no podrán ocultarse detrás de las naciones supuestas soberanas como lo hacen a menudo hoy. Por primera vez en la historia humana, la justicia y la equidad universales serán posibles en nuestro planeta.

7. Economía del sentido común bajo el gobierno democrático mundial

La economía de un orden decente mundial conforme a la *Constitución de la Tierra* se puede resumir con siete sencillos principios fundamentales. Una vez elegido el Parlamento Mundial oficial, éste tendrá la autoridad para poner en ejecución una política económica global basada en los siguientes principios.

7.1. Las líneas extensas del crédito y de los préstamos no explotadores serán puestos inmediatamente a disposición de los individuos, los negocios, y los gobiernos para los propósitos del desarrollo sostenible. La gran mentira del actual orden del mundo es que solamente los que poseen abundancia pueden obtener préstamos moneatrios o crear líneas de crédito. Pero la abundancia verdadera es un producto de los recursos naturales, del capital y del trabajo del ser humano. El gobierno mundial puede crear líneas del crédito inmensas en la modernidad de la Tierra que se utilizarán para el rápido desarrollo económico, sostenible dondequiera que éste sea necesario dentro de la federación.

7.1.1. Con la creación de la abundancia verdadera del desarrollo, estas líneas del crédito pueden compensarse con solamente un honorario pequeño adicional. No habrá tazas de interés explotadoras y el valor de la moneda *de la Tierra* no dependerá de las instituciones financieras globales que ahora devalúan las monedas de los países pobres y manipulan las "monedas convertibles" para continuar enriqueciéndose.

7.1.2. Las primeras veinticinco naciones en ratificar la *Constitución de la Tierra*--que abarca una gran porción de los conocimientos tecnológicos colectivos de la población del planeta y sus recursos-formarán una unidad económica sustancialmente autónoma. El gobierno mundial federal comenzará inmediatamente a extender líneas de crédito para el desarrollo, no simplemente a las élites ya ricas dentro de estos países sino a los pobres o a quienquiera que tenga un proyecto civil sostenible--no militar--en la mente, lo cual crearía abundancia y ventaja social--empleo. Los individuos, los negocios y los gobiernos tendrían disponibles líneas amplias de crédito por sólo un costo honorario. Los gobiernos podrían, razonablemente, centrarse en el desarrollo rápido de la infraestructura – caminos, escuelas, hospitales, saneamiento, comunicaciones – mientras que los negocios se centrarían en las mercancías y los servicios.

7.1.3. Cada nación pobre sabe que es vista cuidadosamente por los poderes imperiales para asegurarse de que no se desvíe de su papel subordinado dentro del sistema global de dominación y explotación. Cada nación sabe que si ratificara la *Constitución para la Federación de la Tierra* a solas, sería castigada económicamente por esto, con el retiro de inversiones, la llamada de préstamos, o sanciones económicas. Como ejemplo, véanse los 57 años de sufrimiento que se han impuesto a la población cubana a partir de que su gobierno procuró tomar un curso independiente que cuidara a sus pobres y ciudadanos.

7.1.4. Por esta razón, un número de gobiernos en el mundo debe coordinar sus esfuerzos y planear simultáneamente la ratificación de la *Constitución de la Tierra*. El gobierno mundial puede comenzar fácilmente con quizás veinticinco naciones que simultáneamente conformorían la creación de la *Federación de la Tierra*. Tal grupo de naciones que ratifican la *Constitución* se convertirían, inmediatamente, en una unidad económica sustancialmente autónoma, usaría la moneda de la Tierra y recibiría líneas de crédito extensas para el desarrollo del nuevo gobierno mundial federal creado. El retiro de las inversiones, los préstamos, o la amenaza de sanciones no importarían. El gobierno mundial federal asumiría toda la deuda internacional de estas naciones que se pagarían en una manera razonable en los tipos de interés no explotadores.

7.1.5. Aproximadamente veinticinco naciones entrarían inmediatamente en la cooperación dinámica, en el uso de sus recursos, tecnologías, líderes educados e iniciativas de desarrollo. Sus deudas serían canceladas bajo el orden actual del mundo y recibirían líneas de crédito extensas para el desarrollo sostenible, basadas en la capacidad de su gente de producir abundancia verdadera al usar el capital de las finanzas, el trabajo y los recursos naturales. Las corporaciones o las industrias dentro de estas naciones que rechazaran cooperar en la conversión de la moneda *de la Tierra* serían nacionalizadas--o mundializadas--cualesquiera que sea lo más apropiado. Los principios económicos simples de este manifiesto tomarían efecto inmediatamente. El aumento en prosperidad, energía creativa y esperanza sería inmediatamente evidente y contagioso.

7.1.6. No hay ningún misterio en cómo crear prosperidad. Ponga mucho dinero en las manos de la gente que desea desarrollar proyectos, emplee trabajadores, procure los recursos naturales necesarios, y compre y venda local y regionalmente. El dinero se origina en las manos de la gente común que lo re-circula con el consumo creciente y la compra de servicios. No hay razón de tomarlo del ya rico o de oponerse a las políticas del banco mundial o a las corporaciones operatorias fuera de la Federación Mundial inicial.

7.1.7. Los que son ricos pueden conservar su abundancia. Lo que se elimina es su capacidad de explotación para hacerse más ricos. El Banco Mundial puede continuar ofreciendo sus préstamos de desarrollo a los países pobres del mundo. Pero, ¿quién deseará estos préstamos cuando inmensas líneas de crédito estarán disponibles para los individuos, las naciones y los negocios por un costo de honorario? Los intereses explotadores quedarían eliminados y con ellos, la capacidad de que los dominen a los pobres que necesitan el dinero para su desarrollo.

7.2. La transferencia de tecnología en gran escala y la infusión de ideas fértiles así como las técnicas para el desarrollo sostenible, se pueden activar con revisiones de sentido común, de las leyes actuales de las derechos de característicos de propiedad intelectual. Como las escrituras de algunos economistas han mostrado--Michael Chossudovsky, David Korton, Vandana Siva, J. W. Smith, entre otros-- una de las maneras que el mundo rico conserva el control neo-colonial del monopolio en la economía global se encuentra en las características de los derechos de propiedad intelectual, que han visto bien un arrendatario fundamental en las regulaciones de la Organización de Comercio Mundial (WTO). El dispositivo simple de permitir que cualquier idea patentada sea utilizada a través del pago de un honorario razonable de los derechos haría que todas las ideas y las técnicas estuviesen disponibles para la humanidad en su propósito de desarrollo sostenible.

7.2.1. A través de un sistema característico de los derechos de propiedad intelectual absoluto, el sistema actual del mundo mantiene al mundo en una condición de tecnología baja, forzando a las naciones pobres a vender sus recursos naturales al mundo rico que fabrica con esta materia prima y vende sus productos de nuevo a los países en vías de desarrollo. Este sistema guarda, del control monopólico, ideas comerciales del excedente e innovaciones, de tal modo, que traiciona su ideología de "libre cambio". Las versiones de esta política se han estado discutiendo desde el advenimiento del colonialismo. Además, este sistema mantiene los medicamentos vitales fuera del alcance de los países afectados con SIDA, como ejemplo, África. Mantienen, asimismo, fuera del alcance de otros países semillas costosas y mantienen así las necesidades agrícolas mientras que los campesinos pobres mueren de hambre por todo el mundo.

7.2.2. El cambio simple de permitir que cualquier idea sea utilizada si los derechos razonables son pagados, suprime estos monopolios de las derechos de propiedad intelectual y libera a los pobres del mundo para el desarrollo eficiente y rápido. Este sistema modificado de los derechos de propiedad intelectual también activaría las economías regionales del mundo con una enorme afluencia de nuevas técnicas e ideas. La escasez terminaría y la prosperidad crecería rápidamente.

7.3. El tercer principio simple en la crearción rápida de equidad y prosperidad globales implica programas masivos educacionales sobre la autonomía de las poblaciones a través del mundo, a través del uso de las ondas radiodifusoras y otras formas de comunicación libres, a nombre del rápido desarrollo sostenible. Todo ello, a diferencia del actual sistema del mundo implica un monopolio en la creación de dinero y préstamos, y un monopolio en tecnologías avanzadas y técnicas, así como implica un monopolio de los medios y las comunicaciones. Los gobiernos del mundo han entregado las ondas radiodifusoras y los medios de comunicación a los intereses privados para su beneficio. El espectro electromagnético de la TV, el radio, las comunicaciones basadas en los satélites, se utiliza en gran parte con fines comerciales, para el enriquecimiento privado, un beneficio para las corporaciones, y propaganda a nombre del sistema actual del mundo. Éstos se deben utilizar para el desarrollo sostenible y la educación libre global que la humanidad requiere.

7.3.1. Hemos visto como un esfuerzo educativo mundial masivo es esencial para el rápido desarrollo sostenible y para la eliminación de la pobreza y el crecimiento cada vez mayor de la población. Las tecnologías y los medios de comunicación están disponibles para lograr esto. Lo que se requiere es un gobierno que sirva las necesidades y los intereses de los ciudadanos de todo el mundo y no un gobierno, como en los Estados Unidos, que sirve las necesidades e intereses de las grandes corporaciones.

7.3.2. El uso de la tecnología y los medios de comunicación disponibles para el rápido desarrollo sostenible activaría economías locales y regionales. La gente aprendería técnicas de saneamiento, de planificación familiar, de purificación del agua, de generar las formas no contaminantes de la energía, de aumentar sus ingresos y calidad de la vida a través de la instrucción y el aprendizaje de idiomas extranjeros. Este cambio simple en el uso las ondas radiodifusoras internacionales y los medios de comunicación serviría como tercer paso importante para crear prosperidad universal y desarrollo sostenible.

7.4. Las medidas legales serían tomadas para fomentar la autonomía de las economías locales y regionales en las que el dinero se conserva dentro del lugar y no se extrae hacia los bancos extranjeros o las corporaciones. Las regiones producirían tantas mercancías y servicios para sí mismos como razonable y económicamente fuera factible, y donde la necesidad real es complementar las economías locales. Cesaría la pérdida asombrosa de energía y recursos que ahora ocurre al transportar mercancías alrededor del mundo que podría del mismo modo ser producidos localmente. Las regiones emplearían mucho en ofrecer buenos salarios que conformarían una población capaz de comprar, y los servicios y los negocios serían una respuesta a estas demandas.

7.4.1. En los Estados Unidos de Norteamérica, cuando un "supermercado multinacional" se instala en una ciudad, muchos negocios locales comienzan a replegarse porque no tienen la capacidad de competir con el supermercado que ofrece ropa barata, alimento, medicamentos, zapatos, trastes, muebles, mercancías de ferretería, juegos, y casi todo. El supermercado puede emplear a algunas personas en los trabajos con bajos salarios, pero no beneficia a la comunidad, dado que la ganancia se envía de nuevo a las jefaturas de las corporaciones y a los inversionistas distantes. La economía de la comunidad local comienza a morir. Las pequeñas empresas se cierran y el desempleo aumenta.

7.4.2. Este mismo fenómeno también sucede en una escala global. Una bebida gaseosa o una medicina nacionalmente producida puede ser vendida más barata por una corporación multinacional en un país en vías de desarrollo. Pero los beneficios de la bebida gaseosa multinacional o de la devolución de la medicina a los primeros inversionistas ricos del mundo, no se recirculan dentro de la economía local o regional. Muy a menudo, el país en vías de desarrollo, incluso, es prevenido de producir su propia bebida o medicina por regulaciones de los derechos de propiedad intelectual. Estos monopolios globales estrangulan las economías regionales.

7.4.3. El principio de la salud económica y del desarrollo sostenible de la prosperidad en países en vías de desarrollo, es activar mercados locales y regionales. Esto incluye aumentar los salarios, producir localmente lo que se puede producir para proveer las necesidades de la población, y crear un intercambio saludable de la oferta y la demanda que hace circular el dinero dentro de la región.

7.4.4. *La Federación de la Tierra* no se opone en principio a la "globalización". La transformación del actual orden internacional en un gobierno mundial federal y democrático evidencia una globalización máxima. Pero la globalización económica sin la globalización legislativa mundial democrática extiende, simplemente, el sistema caótico actual y la violencia por todo el mundo. Sin una legislación mundial, las naciones imperialistas y las corporaciones gigantescas explotan y dominan a los países pobres del mundo en su propio interés. Necesitamos una planificación global para el futuro, la supervisión global del ambiente, y el comercio global cuando sea apropiado para la ventaja de cada implicado. La globalización sin el planificación, la regulación, o la preocupación democrática por el bien común de la voluntad, necesariamente acaba en el vicio y la corrupción que vemos por todas partes en la economía "globalizada" de hoy.

7.4.5. Hoy, el "movimiento anti-globalización" proporciona una resistencia vital al orden actual internacional de dominación y explotación. Muchos de los individuos y de las organizaciones que participan en este movimiento confían en la democracia, la justicia, el fin de la pobreza, la protección del ambiente, y los derechos humanos.
Desempeñan así un papel vital en exponer la terrible herencia de la globalización económica con respecto a todos estos asuntos. Sin embargo, el enfoque central de este movimiento es que está *contra de* la globalización.

7.4.6. Estar en contra de toda la "globalización" es estar en contra del futuro de la Tierra. Estar "en contra", sin tener una visión de cómo el mundo se puede transformar en un orden civilizado mundial, es estar en contra de la ley universal de la Tierra. Las vagas nociones de justicia, democracia, derechos humanos o de protección, son inútiles sin un mecanismo global, democrático y legal para lograrlos. La *Constitución de la Tierra* ofrece a la humanidad los medios políticos y económicos específicos para lograr estas metas.

7.5. Quinto, el mercado puede ser una manera eficiente de determinar los precios de muchas cosas, pero ciertamente no para determinar los salarios. Debe haber igualdad de salario para los mismos trabajos a través de la *Federación de la Tierra*. El economista J. W. Smith precisa que el grado de ventaja de los trabajadores desigualmente pagados que hacen el mismo trabajo es exponencial, no aritmético. Tome como ejemplo un trabajador al que se le ha pagado un dólar estadounidense por hora al producir algo que es idéntico a lo producido por un trabajador del primer mundo que recibe diez dólares por hora. Puesto que el costo del trabajo determina en gran parte los precios de estas cosas, en el "tercer mundo" el producto se vende por un dólar, mientras que en el "primer mundo" se vende diez dólares. ¿Cuántos productos del "tercer mundo" puede el trabajador del "primer mundo" comprar después de trabajar diez horas? ¿Cuántas cosas del trabajador del "primer mundo" puede el trabajador del "tercer mundo" comprar después de trabajar diez horas? El índice de la ventaja en este ejemplo simple es 100 a 1.

7.5.1. Bajo este grado de ventaja no hay posibilidad de equiparación del "tercer mundo" con el "primer mundo" en la activación de su economía o venta de recursos naturales. El índice exponencial de la ventaja consolida los métodos usados por décadas: los mil millones de dólares en abundancia se transfieren anualmente del segmento más pobre de la humanidad al segmento más rico. Los pobres, bajo el des-orden actual del mundo sólo van en camino de ser más pobres y los ricos de ser más ricos.

7.5.2. Los mercados tienen un papel útil pero limitado en las economías humanas. No son--y no pueden ser--la solución a todos los problemas como sostiene la ideología económica imperial. Los mercados pueden producir, eficientemente, muchas--no todas--de las mercancías y los servicios. Pero los servicios esenciales como el agua, la electricidad y el cuidado médico deben ser provistos por un buen gobierno. El mercado no puede asegurar una distribución equitativa o abundante de los servicios y por lo tanto, no puede asegurar el desarrollo sostenible que implican los conceptos del bien común y el bienestar de las generaciones futuras.

7.5.3. Los mercados están ciegos ante todos los valores no comerciales tales como comunidad, derechos humanos, el sostén, equidad, justicia y paz. Estos, como sabemos, también, producirán los armamentos en caso de que estos ofrezcan un beneficio. Los mercados, como negocio grande, son moralmente ciegos y deberían guiarse por los valores democráticos--no comerciales--que construyen necesariamente un buen gobierno. Pero los mercados no se basan en el principio moral de la "unidad-en-diversidad".

7.5.4. El principio de igualdad salarial por el mismo trabajo debe resultar en salarios decentes, y producirá en las manos de los pobres una economía local activada mientras que, al mismo tiempo, debe aumentar la equidad global. Como dijimos anteriormente, no hay ninguna necesidad de apropiarse de la abundancia acumulada de los ricos para solucionar las crisis globales que confronta la humanidad. Todo lo que se necesita es eliminar los medios para que los ricos continúen explotando a los ya pobres a la vez que acumulan más abundancia. Las explotaciones, características del monopolio del sistema actual, perpetúan la abundancia de los ricos y la pobreza de los pobres y muestran una imposibilidad de la equidad global y el desarrollo sostenible.

7.6. En sexto lugar, las leyes económicamente estables y equitativas serán decretadas para promover la reforma de Tierra mundial para poder devolver la Tierra y su abundancia a los pueblos de la Tierra. La explotación de los pobres por las minorías enriquecidas--que ahora controlan la Tierra y sus recursos del mundo--cesará rápidamente. En general, la Tierra y los recursos naturales serán reconocidos como pertenecientes a los pueblos de la Tierra, y por necesidad, serán protegidos legalmente para el bien común. La Tierra y los recursos serán vistos como los campos comunes globales y la característica privada será reconocida para la utilización del suelo por los individuos, los gobiernos, y los negocios. Es decir, los derechos de característica de propiedad intelectual pasarán de ser "derechos absolutos" a "derechos condicionales".

7.6.1. Para no interrumpir innecesariamente el actual sistema, la Tierra improductiva se puede comprar por el gobierno por el valor de su impuesto y vendida a los pobres que usen las líneas del crédito que solamente cobran un honorario de la contabilidad. En algunos casos, las plantaciones privadas enormes, con sus trabajadores que viven en pobreza, pueden ser convertidas, en etapas, en cooperativas (ejidos), donde los trabajadores sean co-propietarios que comparten los beneficios producidos de su trabajo. En otros casos, los monopolios de la Tierra pudieran legalmente redistribuirse, con la remuneración debida a los dueños. La compra y venta de la Tierra (como característica privada) no será suprimida, sino convertida en un sistema de títulos de propiedad condicional, restaurando así el derecho que cada persona tiene sobre los recursos de la Tierra.

7.6.2. La eficacia de la cultivación orgánica cuidadosa, con el abonamiento, rotación de cosecha, y siembra ecológica saludable, se ha demostrado en las cosechas en varias ocasiones. Estos métodos de cultivo producen muchas veces más cosechas--y alimento--por hectárea que la producción agrícola comercial. Este método conserva el suelo y elimina la contaminación de los fertilizantes químicos. Además, el mismo es utilizado por los pequeños granjeros--propietarios--que no sólo invierten en la ganancia de la Tierra sino su preservación. Incluso, con la actual disminución de la calidad de la Tierra de granja, un programa global de reducción del aumento de población, de métodos de cultivo eficaces, y de economías locales activadas, se podría fácilmente erradicar el hambre y crear un mundo suficiente para todos.

7.6.3. Tales programas de reforma agraria se han procurado en países tales como Guatemala en los comienzos de los años 50, Chile a los inicios de los 70, Nicaragua en los años 80, Cuba con sus dos primeras leyes en 1959 y 1963 y la evolución de las mismas en los años 70, 80, y 90; y Venezuela al principio de este siglo. En cada caso los Estados Unidos han destruido o procurado destruir el gobierno que promovía la reforma de Tierra. Ésta ha sido una política global de este centro imperial después de la segunda guerra mundial.

7.6.4. Según el sector de poder dominante, todos los buenos ejemplos de salud, economía y sentido común procuran ser destruidos, de modo que el mundo considere que no hay otra alternativa que los monopolios económicos globales, dominados por corporaciones multibillonarias del dólar y protegidos por los ejércitos de las primeras naciones del mundo. La combinación mortal de nuestro actual sistema del mundo, las naciones-estado soberanos--dominados como siempre por los centros imperiales--y las despiadadas corporaciones globales no pueden dejar la política de cumplimiento con un régimen de dominación global y explotación. Los últimos cinco siglos han demostrado cuáles son las consecuencias de este sistema de instituciones globales.

7.6.5. Solamente una legislación democrática, decretada por un Parlamento Mundial, representa a todas las naciones y poblaciones de la Tierra, y en virtud, sólo ésta puede formular y realizar con eficacia una política planetaria de la reforma de Tierra. Tal reforma se necesita urgentemente para activar no sólo las economías locales y regionales del mundo, sino para terminar la explotación de los pobres por los ricos, conservar el suelo-- mientras se reduce la erosión y contaminación--y aumentar la producción agrícola—fuente del alimento—para erradicar el hambre del planeta.

7.7. Finalmente, el gobierno mundial federal se hará cargo de aquellos que hayan perdido sus trabajos, de los desempleados y subempleados que hoy son millones y los guiará hacia una multiplicidad de proyectos dirigidos hacia el desarrollo sostenible que activen las economías locales y regionales. Estos proyectos incluirán ciertamente la replantación de los bosques agotados de la Tierra, la restauración del suelo y el pasto de Tierras a la integridad, la construcciones de escuelas y centros de salud, la creación de sistemas de saneamiento del agua de bajo y eficiente costo, las instalaciones y fábricas de armamentos serán convertidas en centros de producción de mercancías pacíficas y servicios, y así, se dará pasó a la conversión de las fuentes de energía del mundo en las fórmulas sostenibles, no contaminantes de la energía del agua, del viento, solar, y del hidrógeno.

7.7.1. La condición internacional hoy es similar a la de los Estados Unidos durante la gran depresión de 1930. Hay desempleo masivo y por lo tanto ningún dinero puede circular dentro de las economías. El gobierno de Estados Unidos tuvo, en esos años, la visión de crear proyectos de trabajos públicos extensos para que los desempleados volviesen a trabajar y ganar.

7.7.2. La *Federación de la Tierra* emprenderá iniciativas similares, de tal modo impulsa a que los pueblos vuelvan a trabajar para que activen sus economías, y además, creen la infraestructura necesaria para un desarrollo sostenible próspero. Las interrelaciones de las crisis globales mencionadas avanzan y amenazan el futuro mundial que parece demasiado pasivo, y extremadamente confiado en los resultados de los esfuerzos privados, como si sólo estos pudieran conducir al éxito. Pero el mundo hoy necesita sistemas de saneamiento y acueductos; necesita restaurar el ya dañado ambiente; necesita ocuparse de la crisis de las enfermedades; necesita restaurar el suelo de pastoreo y cultivo, los bosques y las industrias pesqueras; necesita planificar el desarrollo familiar y la reducción del aumento de la natalidad; necesita ofrecer educación para los pueblos; necesita emplear a millones de desempleados.

7.7.3. Un gran discurso antes la cumbre ambiental 1992 de Río expresó: "Mañana será demasiado tarde". Las crisis globales esbozadas son un hecho por lo que la acción debe ser inmediata y dirigida a crear un orden mundial decente, próspero, y equitativo. Estamos en una encrucijada de la existencia humana, un camino conduce a cierto desastre; el otro a un orden equitativo, libre y pacífico del mundo.

8. ¿Adónde vamos? Una visita a las naciones del planeta y sus gentes

8.1. El manifiesto ya mencionado que cuenta con 150 años exigía "¡Proletarios del mundo, uníos!" El manifiesto de la *Federación de la Tierra* reclama que todos los pobres, los que sufren privaciones, y toda la gente decente del mundo se unan. El problema no es simplemente el de la explotación y la deshumanización de los trabajadores--aunque éste continúa hoy en maquiladoras, el uso extenso del trabajo ifantil, y prácticas de empleo inhumanas--; el problema es, sobre todo, la interrelación de la economía global y las naciones-estado soberanas que perpetúan un sistema global de dominación y explotación de generación en generación.

8.2. Por lo menos mil millones de seres humanos están fuera de este sistema de explotación del trabajador. No son "trabajadores" necesitados por las instituciones que buscan beneficios, ni son de ningún uso a las naciones-estado imperiales; pero mueren en el infierno de la pobreza o como víctimas de "daños colaterales aceptables", a través de los bombardeos a sus países. Los más pobres del mundo no tienen ninguna preocupación sobre el orden actual del mundo; son ellos los que se están uniendo por un nuevo orden mundial y dado que es la mayoría pobre, es también la esperanza del mundo.

8.3. La inmensa mayoría pobre es la esperanza central del mundo y de aquellos que lo cuidan e intentan despertar a los pueblos y actuar en solidaridad con ellos, en una lucha para crear un orden mundial decente para sí mismos y las generaciones venideras. El actual orden internacional nos ha hecho "pobres" a todos. Todos los seres humanos hemos sido degradados, manipulados, y avergonzados con nuestra complicidad con el poder de la abundancia y de la energía/autoridad corrupta. Todos enfrentamos el momento histórico y la demanda moral de salvaguardar la Tierra de la destrucción y por ello, somos responsables de crear un orden mundial decente y sostenible mundial antes que sea demasiado tarde.

8.4. ¿Por qué los ricos del mundo y sus cómplices nos temen tanto? Saben que no estamos interesados en tomar sus riquezas. Estamos interesados en cambios simples y justos que elimien los monopolios internacionales así como la capacidad de naciones y organizaciones privadas poderosas de continuar enriqueciéndose a expensas de los pobres. Sólo la propuesta de estos cambios los llena de pavor.

8.5. El pensamiento de un mundo equitativo y justo, en el cual esos pocos ricos hayan perdido su capacidad de dominar y de explotar al resto, aterroriza a aquellos que nunca han trabajado en la consecueción del diario de una vida; sino que han gobernado, dominado y explotado. A estos les mortifica el pensamiento de un orden mundial civilizado en el que los ricos deben vivir realmente en equidad y justicia con los pobres, en el cual se han suprimido los privilegios especiales, en el que el medio de la libertad y de la paz no puede ser más del dominio militar de gran alcance sobre el resto, en el cual no se pueden cosechar beneficios a través de las ventas de armas, el pillaje y el fraude en el que se hunde a los pobres, a nivel internacional, en un mundo de caos y violencia.

8.6. Es difícil que una persona decente pueda imaginar cuán corruptos son, a nivel mundial, la mayoría de los capitalistas industriales, militares y gobiernos de hoy. La élite con capacidad de decisión en el negocio, los militares y sus gobiernos, sólo saben relacionarse a través del poder bruto, la influencia desmesurada, y repartos venales con los ejecutivos de las corporaciones, los comerciantes, los carteles centrales de la droga, los caciques regionales, los dictadores, los torturadores, los inversionistas financieros sombríos, o los políticos fangosos. Todos ellos solamente tienen desprecio por la gente decente, pobre u ordinaria. El caos de los mundos políticos y económicos del capitalismo global es tan profundo que dentro del sistema nación-estado cualquier charla sobre un orden mundial decente, basado en valores universales, suena muy ingenuo a sus oídos. A pesar de ello, estos grupos temen estas propuestas; saben que la gente decente, por todas partes, responde positivamente a la *Constitución de la Tierra,* diseñada para crear justicia, paz y prosperidad planetarias.

8.7. ¿Es la llamada naturaleza humana así tan corrupta que los gobiernos, los militares, o el negocio atraerá siempre a los individuos sin remordimientos, dispuestos a destruir a los seres humanos, nuestro ambiente, y el bienestar de las generaciones futuras en su gula de lujo y poder? La mayoría de los seres humanos ordinarios son honrados y decentes. La corrupción es fomentada por *las instituciones* que dominan nuestro mundo. Las instituciones, hechas fragmentos, atraen a menudo a seres humanos hechos fragmentos, corrompidos en las posiciones de poder. El sistema de naciones-estado territoriales y el sistema económico global se fundan en intereses inmorales, impulsan la dominación, y las estructuras de la avaricia y explotación. No pueden, en principio, ser reformados para crear un orden mundial decente porque ellos mismos son fragmentos afirmados en un poder bruto, caos y violencia.

8.8. Los fragmentos del orden mundial actual han dado lugar a relaciones de poder y conflictos aun no solucionados. La *Constitución para la Federación de la Tierra* se funda en el principio fundamental de la unidad-en-diversidad. La diversidad--de intereses, de razas, de las pertenencias étnicas, de las religiones, de las naciones, de las culturas, y de los individuos--se protege y se legitima por la unidad moral que reconoce a todos como ciudadanos iguales y miembros de la *Federación de la Tierra*. La diversidad dentro de la unidad moral creada por la *Federación de la Tierra* no corrompe a las personas con la violencia y avaricia como lo ha hecho la fragmentación del actual orden mundial.

8.9. Bajo la *Federación de la Tierra* todos somos ciudadanos y miembros de la raza humana. Tenemos obligaciones históricas, prácticas, y morales los unos con los otros, con el planeta y las generaciones futuras. Conforme a la *Federación de la Tierra* esta unidad-en-diversidad es una categoría ética (moral) y legal que crea, por primera vez en la historia, un gobierno y un sistema operativo de negocio según principios morales legítimos. ¿Quién conducirá la humanidad a un nuevo orden mundial decente presupuesto en el principio de la unidad-en-diversidad?

8.10. La solidaridad con la *Federación de la Tierra* probablemente no vendrá de las clases cómodas de las naciones del primer mundo condicionados, a esta altura en en ser consumidores pasivos, interesados y sin compasión o preocupación por otros seres humanos alrededor del planeta. La solidaridad con la *Federación de la Tierra* no vendrá de las naciones imperialistas ni de las corporaciones multinacionales que ahora dominan el mundo en su imperio de ignorancia y corrupción. La unidad con la federación puede venir solamente de los pobres, de ésos en solidaridad con los pobres, y de esos gobiernos raros que tengan cierta preocupación por su pueblo y el futuro del planeta Tierra.

8.11. Los pobres del mundo debemos organizarnos bajo la bandera de la *Federación de la Tierra*. Debemos educarnos en levantar los fondos para educar a otros, enviar delegaciones de nuestros líderes, escribir editoriales, conseguir transmisiones de radio, celebrar reuniones en las ciudades, y llevar a cabo campañas de la ratificación. Las localidades, las aldeas y las ciudades pueden confiar en la *Federación de la Tierra*. Debe haber presión activa sobre los gobiernos de países pobres y, sobre todo en los gobiernos decentes. Las sedes de la Asociación para la Constitución y el Parlamento Mundial deben ser organizadas y los miembros deben extender la Federación por la Tierra. La *Constitución para la Federación de la Tierra* se debe estudiar y traducir cada vez a más idiomas.

8.12. Debemos impulsar las naciones pobres y sus poblaciones--y a esas naciones y ciudadanos del mundo en solidaridad con éstas—a trabajar juntos y coordinar *una ratificación* simultánea *de la Constitución* por muchas naciones. El efecto sobre el mundo sería electrizante. Antes de que los poderes imperiales y los criminales de las corporación multinacionales pudieran, incluso en pensar en términos de bloqueos o sanciones, otras naciones pobres serían ya parte de la Federación. Verdaderamente un nuevo orden mundial reconocedor de la igualdad y el derecho a la prosperidad de todos los seres humanos sería inequívoco e irresistible.

8.13. La mayoría de los países consideraría, inmediatamente, que no tienen nada que perder y todo por ganar al pertenecer a la *Federación de la Tierra*. Pronto, el mundo entero percibiría una liberación verdadera en la humanidad y la Tierra. El minúsculo grupo de líderes imperiales de gran alcance, banqueros y ejecutivos de las corporaciones que se oponen a este orden quedarían abrumados por la presión pública y, después de poco tiempo, la *Federación de la Tierra* entraría en la etapa operativa de la que se originaría la paz, la prosperidad, la libertad y la justicia en la Tierra. No proponemos una "utopía"; sino un orden práctico mundial, realizable y decente por primera vez en la historia.

8.14. Es importante notar que las primeras veinticinco naciones en ratificar la *Constitución* no estarían formando un bloque de poder como América del Norte o la Comunidadd Económica Europea. Si hubiera una Unión Africana dentro del desorden actual del mundo, esto no cambiaría nada. Crearía simplemente otro bloque militar y económico para luchar con Europa, Japón, China, los Estados Unidos de Norteamérica u otros centros del poder. El mundo permanecería en la fragmentación y el caos. Sin embargo, debe notarse que podría crearse uniones magnas dentro Africa o América Latina, para la Federación *de la Tierra*.

8.15. La *Federación de la Tierra*, en un inicio, es algo verdaderamente nuevo en la historia humana, porque invita a todos y no excluye a nadie. Reconoce a cada ser humano como ciudadano de la Federación *de la Tierra*, e invita a cada nación a que sea un miembro de la Federación con todos los derechos, privilegios, y ventajas que se aplican conforme a la Constitución. No propone arrebatar nada a los ya ricos y no se opondría a nadie militar o económicamente. Terminaría la explotación de la nación por la nación y del hombre por el hombre. Y sería, sin dificultades, la única institución que podría tratar las interrelaciones de las crisis globales que amenazan nuestra extinción en Tierra.

8.16. Nuestra tarea es comunicar este mensaje al mundo. Nuestra tarea reclama unir y organizar las naciones pobres y sus poblaciones bajo la *Federación de la Tierra*. La Federación no es un ideal sino una realidad dinámica dentro de la cual vivimos. Cada pensamiento nuestro, respiración, y movimiento emana de una realidad viva; así la *Federación de la Tierra* cuenta con que cada ser humano deba saber y ratificar la *Constitución*.

8.17. La mayoría de los pueblos pobres de nuestro planeta debe tomar la iniciativa para liberarse. Debe ratificar la *Constitución* personal y colectivamente. Las naciones pobres del mundo--y esas naciones en solidaridad con ellas--deben obrar de acuerdo entre sí y ratificar la *Constitución* colectivamente. La *Federación de la Tierra* se propagará como la pólvora hasta que una ciudadanía, un sistema de justicia y un Parlamento Mundial, un sistema de derechos, y un orden mundial pacífico y justo. Entonces, y solamente entonces, pueden el religioso y el ateo afirmar un significado histórico para el mundo, bajo Dios, Allah, Brahmán, el Cosmos santo, la Tierra sagrada, o el orden mundial de justicia.

8.18. Todos los pueblos y sus individuos son ciudadanos soberanos de la Federación *de la Tierra* y miembros del nuevo orden mundial de equidad, libertad, justicia, y paz. Si actuamos de manera realística y viva, pasaremos con éxito la encrucijada de la muerte y destrucción inminentes. Unidos bajo la bandera de la *Federación de la Tierra*, actuaremos por la liberación de la humanidad, de esta Tierra preciosa, y de las generaciones futuras.

8.19. Los pobres, los desposeídos, y toda la gente decente del mundo debe unirse. ¡No tenemos nada que perder sino nuestra miseria, nuestras cadenas de la dominación económica y política! Todos nosotros somos en el presente víctimas en este mundo actual de injusticia y violencia. Todos somos pobres y hemos sido privados por este orden actual del mundo. ¡Somos todos ya los ciudadanos de la *Federación de la Tierra*! En la oscuridad de estas épocas, sabemos que actuar mañana será demasiado tarde, y que ahora es el momento. Un nuevo amanecer está llegando para el mundo. La liberación para la humanidad es real. Ciudadanos del mundo, ¡Uníos!

¡Viva la Federación De la Tierra!

UNA CONSTITUCIÓN

PARA LA

FEDERACIÓN DE LA TIERRA

E'sta Constitución fue elaborada y discutida, adoptada y enmendada durante 4 sesiones de una Asamblea Constituente Mundial que se reunió en 1968 en Interlaken, Suecia y Wolfach, Alemania, en 1977 en Innsbruck, Austria, 1979 en Colombo, Sri Lanka, y últimamente en 1991 en Troia, Portugal.

La Comisión de Redacción consistía de 25 personas. La mayor parte de la Constitución fue elaborada por cinco, entre ellos: H. Philip Isely (hombre de negocios de EEUU Norteamerica), y Dr. Terence P. Amerasinghe, Syed Muhamed Husain, D. M. Spencer y Dr. Max Habicht (4 abogados internacionales).

Traducción del inglés al español por cortesía de COMUNIDAD MUNDIAL, A.C.; Dr. Gustavo Baz No. 252 Tlalnepantla, Estado de México.

En breve porción corregido por Filiberto Ortíz y Eugenia Alma de Quetzal Almand. (APCM)

DEDICATORIA

E'sta Constitución está dedicada a la humanidad entera. La población del planeta Tierra, que en estos momentos – el comienzo del siglo XXI sufre de incertidumbre, problemas sociales, económicos y políticos que parecen casi imposibles de resolver.

La *Constitución para la Federación de la Tierra* fue elaborada durante un lapso de 10 años por distinguidos personajes de 15 países, todos ellos ampliamente ligados a los acontecimientos sociales y políticos de sus naciones. En este proyecto intervinieron abogados constitucionalistas de Estados Unidos e Inglaterra, trabajadores sociales de Holanda y Noruega, consultivos de la Liga de Naciones y las Naciones Unidas en Suiza; los partidos políticos de independencia de Sri Lanka, la Suprema Corte de Justicia de Bangladesh, y colaboradores que prestaron sus opiniones y contribuciones en los cinco continentes del orbe.

La *Constitución para la Federación de la Tierra* tiene como objetivo mostrar los pasos prácticos que puede dar la humanidad en estos momentos críticos para superar la incertidumbre y la incógnita de la felicidad humana en el futuro, al presentar específicamente los pasos a dar para crear un estado federativo mundial en el que - mediante el derecho y la paz - puedan resolverse los problemas mundiales más urgentes: desarme, sobre-población, envenenamiento del ambiente, escasez de recursos naturales, aprovechamiento de los océanos, exploración del espacio exterior y sobre todo, la garantía de los derechos humanos dentro de un margen de economía mundial equitativa para todos.

El ejemplo que se sigue en este trabajo está tomado de los grandes modelos del pasado; como son, entre los más destacados, la Federación cantonal de Suiza hace siglo y medio y la Federación de los Estados Unidos de Norteamérica que, en ambos casos, fueron la base para que unidades políticas de cultura, idioma, población y origen ancestral diferentes y que habían luchado entre sí, pudieran vivir en armonía y paz, resolviendo sus problemas no con las armas, sino con la ley, la justicia y la paz.

Esperamos que el trabajo aquí presentado sirva de inspiración y modelo a todos aquéllos que en forma seria tienen en su vida el propósito de luchar y colaborar para un futuro más brillante, más seguro y en el cual los grandes inventos de la ciencia, los logros - a veces monstruosos - de la técnica se tornen en bien de la humanidad y cesen de amenazar constantemente con la exterminación del género humano.

UNA CONSTITUCIÓN PARA LA FEDERACIÓN DE LA TIERRA

PREÁMBULO

*A*l darnos cuenta de que la humanidad de hoy ha llegado a un punto de inflexión en la historia y que estamos en el umbral de un nuevo orden mundial que promete marcar el comienzo de una era de paz, prosperidad, justicia y armonía;

Conscientes de la interdependencia de la gente, naciones y la vida;

Conscientes del abuso del hombre de ciencia y tecnología que ha llevado a la Humanidad al borde del desastre a través de la producción de armamentos horrendos de destrucción masiva y al borde también de la catástrofe ecológica y social;

Conscientes de que el concepto tradicional de seguridad a través de la defensa militar es una ilusión total tanto en el presente como en el futuro;

Conscientes de la miseria y de los conflictos causados por la disparidad creciente entre ricos y pobres;

Conscientes de nuestra obligación a posteridad de salvar a la Humanidad de la aniquilación inminente y total;

Conscientes de que la Humanidad es UNA a pesar de la existencia de diversidad de naciones, razas, credos, ideologías y culturas y que el principio de unidad en diversidad es la base para una nueva era en el que la guerra será contra la ley y la paz prevalecerá; en el cual los recursos totales de la Tierra se usarán equitativamente para el bienestar humano; y en el que los derechos y responsabilidades humanos básicos serán compartidos por todos sin discriminación;

Conscientes de la realidad inescapable de que la gran esperanza para la supervivencia de la vida en la Tierra es el establecimiento de un gobierno democrático mundial;

Nosotros, los ciudadanos del mundo, resolvemos establecer una federación mundial gobernada de acuerdo con esta Constitución para la Federación de la Tierra.

Artículo 1. Funciones generales de la Federación de la Tierra

Las Funciones Generales de la Federación de la Tierra serán las siguientes:

1.1. Prevenir la guerra, asegurar el desarme, y resolver las disputas territoriales y de otra clase que ponen en peligro la paz y los derechos humanos.

1.2. Proteger los derechos humanos universales, incluyendo la vida, la libertad, la seguridad, la democracia, y las oportunidades iguales en la vida.

1.3. Obtener para todos los pueblos de la Tierra las condiciones requeridas para el desarrollo económico y social equitativo y para disminuir las diferencias sociales.

1.4. Regular el comercio mundial, las comunicaciones, los transportes, las monedas, los estándares, el uso de los recursos mundiales, y otros procesos globales e internacionales.

1.5. Proteger el ambiente y la ecología vital, y controlar las innovaciones tecnológicas cuyos efectos trasciendan los límites nacionales, con el propósito de hacer de la Tierra un hogar seguro, saludable y feliz para la humanidad.

1.6. Solucionar los problemas que estén más allá de la capacidad de los gobiernos nacionales, o que sean en este momento o puedan convertirse en un problema global o internacional.

Artículo 2. Estructura básica de la Federación Mundial y Gobierno Mundial

2.1. La Federación de la Tierra debe ser organizada en una federación universal, para incluir a todas las naciones y toda la gente, y para englobar todos los océanos, mares y tierras de la Tierra.

2.2. El Gobierno Mundial para la Federación de la Tierra debe ser nomilitar y debe ser democrático en su propia estructura, y la soberanía última debe residir en todas las gentes que viven en la Tierra.

2.3. La autoridad y poderes otorgados al Gobierno Mundial deberán estar limitados a aquellos que se definen en esta Constitución, aplicables a los problemas y actividades que trasciendan los límites nacionales, dejando a los gobiernos nacionales la jurisdicción sobre las actividades internas de las respectivas naciones, pero consistentes con la autoridad del Gobierno Mundial para proteger los derechos humanos universales como se definen en esta Constitución Mundial.

2.4. Las unidades básicas directas electorales y administrativas del Gobierno Mundial deben ser Distritos Electorales y Administrativos Mundiales. Se deben definir un total no mayor de 1,000 Distritos, y deben ser iguales en población, dentro de los límites de más o menos 10 por ciento.

2.5. Los Distritos Electorales y Administrativos Mundiales deben estar combinados como sea apropiado para componer un total de veinte Regiones Electorales y Administrativas, para los siguientes propósitos, pero no limitado a estos: para la elección de ciertos oficiales gubernamentales mundiales; para propósitos administrativos; para componer los varios órganos del gobierno mundial como se enumeran en el Artículo 3; para el funcionamiento del Poder Judicial, el Sistema Coercitivo y cualquier otro organismo o agencia del Gobierno Mundial.

2.6. Las Regiones Electorales y Administrativas Mundiales pueden estar compuestas de un número variable de Distritos Electorales y Administrativos Mundiales, tomando en consideración los factores geográficos, culturales, ecológicos, etc., así como también a la población.

2.7. Las Regiones Electorales y Administrativas Mundiales contiguas deben ser agrupadas en pares para formar Regiones-Magna.

2.8. Los límites de las Regiones Electorales y Administrativas Mundiales no deberán cruzar los límites de los Distritos Electorales y Administrativos Mundiales, y deben ser comunes en cuanto a la factibilidad para los diversos departamentos administrativos y para los órganos y agencias del Gobierno Mundial. Los límites de los Distritos Electorales y Administrativos Mundiales y de las Regiones no necesitan conformarse a los límites nacionales existentes, pero deben conformarse en cuanto sea posible.

2.9. Las Regiones Electorales y Administrativas Mundiales deben estar agrupadas para formar al menos cinco Divisiones Continentales de la Tierra, para la elección de ciertos oficiales gubernamentales mundiales, y para ciertos aspectos de la composición y funcionamiento de las diversas agencias y organismos del Gobierno Mundial como se especifica posteriormente. Los límites de las Divisiones Continentales no deberán en cuanto sea posible cruzar los límites nacionales existentes. Las Divisiones Continentales pueden estar compuestas de un número variable de Regiones Electorales y Administrativas Mundiales.

Artículo 3. Organismos del Gobierno Mundial

Los organismos del Gobierno Mundial serán estos:

3.1. El Parlamento Mundial

3.2. El Ejecutivo Mundial

3.3. La Administración Mundial

3.4. El Complejo Integrante

3.5. El Poder Judicial Mundial

3.6. El Sistema de Coerción

3.7. La Defensa Pública Mundial

Artículo 4. Concesión de poderes específicos al Gobierno Mundial

Los poderes del Gobierno Mundial que deben ser ejecutados a través de sus diversos órganos y agencias deben comprender lo siguiente:

4.1. Prevenir las guerras y conflictos armados entre las naciones, regiones, distritos, partes y pueblos de la Tierra.

4.2. Supervisar el desarme y prevenir el re-arme; prohibir y eliminar el diseño, prueba, manufactura, venta, compra, uso y posesión de armas de destrucción masiva, y prohiba o regule todas las armas mortales que el Parlamento Mundial decida.

4.3. Prohibir el instigación a la guerra, y la discriminación contra o la difamación de los que desafían la conscripción militar.

4.4. Proveer de los medios para la resolución pacífica y justa de disputas o conflictos entre naciones, gentes, y/o otros componentes dentro de la Federación.

4.5. Supervisar el establecimiento de límites y conducir plebiscitos.

4.6. Definir los límites de los distritos, regiones y divisiones que sean establecidas para propósitos electorales, administrativos, judiciales o de cualquier índole del Gobierno Mundial.

4.7. Definir y regular los procedimientos para la nominación y elección de los miembros de cada Cámara del Parlamento Mundial, y para la nominación, elección, nombramiento y empleo de todos los oficiales y personal del Gobierno Mundial.

4.8. Codificar leyes mundiales, incluyendo el cuerpo legislativo internacional desarrollado anteriormente a la adopción de la Constitución Mundial, pero sin ser inconsistente con ellas, y que sean aprobadas por el Parlamento Mundial.

4.9. Establecer patrones universales para pesos, medidas, contabilidad y archivo.

4.10. Proveer asistencia en el caso de calamidades a gran escala, incluyendo sequías, hambre, epidemias, inundaciones, terremotos, huracanes, rupturas ecológicas y otros desastres.

4.11. Garantizar y hacer respetar las libertades civiles y los derechos humanos básicos que están definidos en la Carta de Derechos para los Ciudadanos de la Tierra, la cual es parte de esta Constitución Mundial según el Artículo 12.

4.12. Definir patrones y promover el mejoramiento mundial en las condiciones de trabajo, nutrición, salud, casa, establecimientos humanos, condiciones ambientales, educación, seguridad económica, y otras condiciones definidas en el Artículo 13 de esta Constitución Mundial.

4.13. Regular y supervisar el transporte, comunicaciónes, servicio postal y migraciones internacionales de la gente.

4.14. Regular y supervisar el comercio, la industria, corporaciones, empresas, carteles, servicios profesionales, oferta de trabajo, finanzas, inversiones y seguros internacionales.

4.15. Asegurar y supervisar la eliminación de tarifas y otras barreras en el comercio, pero con provisiones para prevenir o minimizar efectos negativos en aquellos previamente protegidos por tarifas.

4.16. Elevar los ingresos y fondos, por medios directos y/o indirectos, que son necesarios para los propósitos y actividades del Gobierno Mundial.

4.17. Establecer y operar las instituciones financieras, bancarias, crediticias y de seguros mundiales diseñadas para servir a las necesidades humanas; establecer, emitir y regular la moneda mundial, su crédito e intercambio.

4.18. Planificar y regular el desarrollo, uso, conservación y re-circulación de los recursos naturales de la Tierra como la herencia común de la Humanidad; proteger el ambiente para el beneficio tanto de las generaciones presentes como de las futuras.

4.19. Crear y operar una Organización de Desarrollo Económico Mundial que sirva equitativamente a todas las naciones y gentes incluidas dentro de la Federación Mundial.

4.20. Desarrollar e implementar soluciones a los problemas transnacionales de oferta de alimentos, producción agrícola, fertilidad de la Tierra, conservación de la tierra, control de epidemia, dietas, nutrición, medicamentos y venenos; controlar la colocación de desperdicios tóxicos.

4.21. Desarrollar e implementar medios para controlar el crecimiento de la población en relación a las capacidades productivas de la Tierra, y resolver problemas de distribución de la población.

4.22. Desarrollar, proteger, regular y conservar los recursos de agua de la Tierra; desarrollar, operar y/u coordinar irrigación transnacional y otros proyectos de control y distribución de agua; asegurar la distribución equitativa de la oferta de agua transnacional, y proteger contra los efectos transnacionales adversos del agua o la humedad, o promover proyectos de control del clima dentro de los límites nacionales.

4.23. Poseer, administrar y supervisar el desarrollo y conservación de los océanos y mares de la Tierra y todos los recursos que ofrecen, y protegerlos contra cualquier daño.

4.24. Proteger, controlar, y supervisar los usos de la atmósfera de la Tierra.

4.25. Conducir exploraciones e investigaciones interplanetarias y cósmicas; tener jurisdicción exclusiva sobre la Luna y todos los satélites.

4.26. Establecer, operar y/o coordinar las líneas aéreas globales, los sistemas de transporte marítimo, las vías férreas, carreteras internacionales, los sistemas de comunicación global, y los medios para

los viajes y comunicaciones interplanetarias; controlar y administrar las
vías fluviales vitales.

4.27. Desarrollar, operar y/o coordinar los sistemas de energía
transnacionales, o las redes de unidades pequeñas, integrando los sistemas
o redes de energía derivadas del sol, viento, agua, mareas diferenciales,
caloríficos, fuerzas magnéticas, y cualquier otro recurso de energía.

4.28. Controlar la minería, la producción, transporte y uso de los recursos
de energía al grado necesario para reducir y prevenir daños al ambiente y
a la Ecología, y para prevenir conflictos y conservar abastecimientos para
el uso sostenido por las generaciones futuras.

4.29. Ejercer jurisdicción y control exclusivos sobre la investigación de
energía nuclear y la producción de la misma, incluyendo el derecho para
prohibir cualquier forma de pruebas o producción consideradas
peligrosas.

4.30. Poner bajo controles mundiales los recursos naturales esenciales que
puedan estar limitados o estar distribuidos desigualmente en la Tierra.
Encontrar e implementar formas para reducir los desperdicios y de
encontrar maneras de reducir al mínimo disparidades cuando el desarrollo
o la producción es insuficiente para dar a todos lo que necesitan.

4.31. Examinar y asesorar las innovaciones tecnológicas que sean o puedan
ser de consecuencia supranacional, determinar los posibles peligros a la
humanidad o al ambiente; instituir tales controles y regulaciones de
tecnología necesarios para prevenir o corregir los peligros o riesgos a la
salud y bienestar humanos.

4.32. Llevar a cabo programas intensivos para desarrollar alternativas a
cualquier tecnología o proceso tecnológico que pueda ser peligroso para el
ambiente, el sistema ecológico, o la salud y bienestar humanos.

4.33. Resolver los problemas supranacionales causados por disparidades
en la capacidad o desarrollo tecnológico, en la formación de capital, en la
disponibilidad de recursos naturales, en la oportunidad educacional, en la
oportunidad económica, y en los diferenciales de salarios y precios. Asistir
los procesos de transferencia de tecnología bajo condiciones que
salvaguarden el bienestar humano y el ambiente y contribuyan a la
reducción al mínimo de las disparidades.

4.34. Intervenir bajo los procedimientos que define el Parlamento Mundial en casos de violencia nacional interna o problemas nacionales internos los que afecten seriamente la paz mundial o los derechos humanos universales.

4.35. Desarrollar un sistema universitario mundial. Obtener la corrección de materiales comunicativos perjudiciales que causen malas interpretaciones o conflictos debidos a las diferencias de raza, religión, sexo, origen nacional o afiliación.

4.36. Organizar, coordinar y/o administrar un Cuerpo de Servicio Mundial voluntario y no-militar, para llevar a cabo proyectos diseñados para servir al bienestar humano.

4.37. Designar, si se encuentra deseable, un lenguaje oficial mundial o varios lenguajes oficiales mundiales.

4.38. Establecer y operar un sistema de parques mundiales, reservaciones para vida salvaje, lugares naturales y áreas vírgenes.

4.39. Definir y establecer procedimientos para iniciativas y referendums por los ciudadanos de la Tierra en asuntos de legislación transnacional que no es proscrita por esta Constitución Mundial.

4.40. Establecer los departamentos, oficinas, comisiones, institutos, corporaciones, administraciones, o agencias que sean necesarias para llevar a cabo cualquiera de todas las funciones y poderes del Gobierno Mundial.

4.41. Servir a las necesidades de la humanidad en cualquier forma que esté, o que sea en el futuro, más allá de la capacidad de los gobiernos nacionales y locales.

Artículo 5.   El Parlamento Mundial

Sección 5.1. Funciones y poderes del Parlamento Mundial

Las funciones y poderes del Parlamento Mundial deben comprender lo siguiente:

5.1.1. Preparar la legislación detallada en todas las áreas de autoridad y jurisdicción otorgadas al Gobierno Mundial bajo al Artículo 3 de esta Constitución Mundial.

5.1.2. Enmendar o derogar las leyes mundiales que sean necesarias o deseables.

5.1.3. Aprobar, enmendar o rechazar las leyes internacionales desarrolladas anteriormente al advenimiento del Gobierno Mundial, y codificar e integrar el sistema de ley mundial y legislación bajo el Gobierno Mundial.

5.1.4. Establecer las regulaciones y direcciones que sean necesarias, consistentes con esta constitución mundial, para el funcionamiento apropiado de todos los organismos, ramas, departamentos, oficinas, comisiones, institutos, agencias, o partes del Gobierno Mundial.

5.1.5. Revisar, enmendar y dar aprobación final a cada presupuesto para el Gobierno Mundial, propuesto por el Ejecutivo Mundial; y diseñar los medios específicos para levantar los fondos necesarios para cumplir el presupuesto, para incluir impuestos, licencias, cobros, y gastos públicos y sociales, contados globalmente, que tienen que ser agregados a los precios para bonos y servicios, préstamos, y avances de crédito, y cualquier otro medio apropiado; y apropiar y asignar fondos para todas las operaciones y funciones del Gobierno Mundial de acuerdo con presupuestos aprobados, pero sujetos al derecho del Parlamento de revisar cualquier apropiación todavía no gastada o depositada contractualmente.

5.1.6. Crear, alterar, abolir o consolidar los departamentos, oficinas, comisiones, institutos, agencias u otras partes del Gobierno Mundial que sea necesario para el mejor funcionamiento de los diversos organismos del Gobierno Mundial, sujeto a las provisiones específicas de esta Constitución Mundial.

5.1.7. Aprobar los nombramientos de los jefes de todos los departamentos, comisiones, oficinas, agencias, y otras partes de los diversos organismos del Gobierno Mundial, exceptuando a aquellos escogidos mediante procedimientos electorales.

5.1.8. Destituir por alguna causa a cualquier miembro del Ejecutivo Mundial, y a cualquier jefe electivo o nombrado de cualquier organismo, departamento, oficina, agencia u otra parte del Gobierno Mundial, sujeto a las previsiones específicas en esta Constitución Mundial concernientes a las oficinas específicas.

5.1.9. Definir y revisar los límites de los Distritos Electorales y Administrativos Mundiales, las Regiones y Magna Regiones Electorales y Administrativas Mundiales y las Divisiones Continentales.

5.1.10. Programar la realización de aquellas provisiones de la Constitución Mundial que requieran realización por etapas durante las diversas etapas del Gobierno Mundial Provisional, de la Primera Etapa Operativa del Gobierno Mundial, de la Segunda Etapa Operativa del Gobierno Mundial y de la Etapa Operativa Completa del Gobierno Mundial, como se definen en los Artículos 17 y 19 de esta Constitución Mundial.

5.1.11. Planificar y programar la realización de aquellas provisiones de la Constitución Mundial que requiera un período de años para ser llevadas a cabo.

Sección 5.2. Composición del Parlamento Mundial

5.2.1. El Parlamento Mundial deberá estar compuesto de tres cámaras, designadas como sigue: La Cámara de las Gentes, para representar a la gente de la Tierra directa e igualmente, La Cámara de las Naciones, para representar a las naciones que se agrupan en la Federación de la Tierra, y La Cámara de los Consejeros, con funciones particulares para representar el bien más elevado y los mejores intereses de la humanidad como un todo.

5.2.2. Todos los miembros del Parlamento Mundial, sin importar la Cámara, deberán ser designados como Miembros del Parlamento Mundial.

Sección 5.3. La Cámara de las Gentes

5.3.1. La Cámara de las Gentes deberá estar compuesta por delegados elegidos directamente en proporción a la población de los Distritos Electorales y Administrativos Mundiales, como se definen en el Artículo 2.4.

5.3.2. Los delegados populares deberán ser elegidos mediante el sufragio adulto universal, abierto a todas las personas de 18 años o mayor.

5.3.3. Se deberá elegir un delegado popular por cada Distrito Electoral y Administrativo Mundial para operar durante un término de cinco años en la Cámara de las Gentes. Los delegados populares podrán ser elegidos en términos sucesivos sin límite. Cada delegado popular deberá tener un voto.

5.3.4. El candidato para ser elegido como delegado popular deberá tener al menos 21 años de edad, ser residente por lo menos un año del distrito electoral del cual busca ser electo, y debe prestar un juramento de servicio a la humanidad.

Sección 5.4. La Cámara de las Naciones

5.4.1. La Cámara de las Naciones deberá estar compuesta de Delegados Nacionales elegidos o nombrados mediante procedimientos determinados por cada gobierno nacional sobre la siguiente base:

5.4.1.1. Un delegado nacional por cada nación de más de 100,000 habitantes pero menos de 10,000,000.

5.4.1.2. Dos delegados nacionales por cada nación de más de 10,000,000 de habitantes pero menos de 100,000,000.

5.4.1.3. Tres delegados nacionales por cada nación de 100,000,000 de habitantes o más.

5.4.2. Las naciones con menos de 100,000 habitantes podrán unirse en grupos con otras naciones para propósitos de representación en la Cámara de las Naciones.

5.4.3. Los delegados nacionales deberán ser electos o nombrados para servir términos de cinco años, y podrán ser elegidos o nombrados para servir en términos sucesivos sin límite. Cada delegado nacional deberá tener un voto.

5.4.4. Cualquier persona que sirva como delegado nacional deberá ser ciudadano cuando menos por dos años de la nación que desee representar, debe tener al menos 21 años de edad, y deberá prestar un juramento de servicio a la humanidad.

Sección 5.5. La Cámara de los Consejeros

5.5.1. La Cámara de los Consejeros deberá estar compuesta de 200 consejeros escogidos en igual número de las nominaciones presentadas por las veinte Regiones Electorales y Administrativas Mundiales, como se define en el Artículo 2.5 y ó, con diez de cada Región.

5.5.2. Las nominaciones para miembros de la Cámara de los Consejeros deberán ser hechas por los profesores y estudiantes de los colegios de adultos, de universidades y de academias e institutos científicos dentro de cada región administrativa y electoral. Los nominados podrán ser personas que no estén dentro del centro universitario.

5.5.3. Los nominados a la Cámara de los Consejeros de cada Región Electoral y Administrativa Mundial deberán, mediante un voto tomado entre ellos, reducir el número de nominados a no menos que dos veces y no más que tres veces el número que será elegido.

5.5.4. Los nominados para servir como miembros de la Cámara de los Consejeros deberán tener al menos 25 años de edad, y tomar un juramento de servicio a la humanidad. No habrá un requisito de residencia, y el nominado no necesitará ser residente de la región que lo nominó o eligió.

5.5.5. Los miembros de la Cámara de los Consejeros de cada región deberán ser elegidos por los miembros de las otras dos cámaras del Parlamento Mundial de la región particular.

5.5.6. Los Consejeros deberán ser elegidos para servir términos de diez años. La mitad de los miembros de la Cámara de Consejeros deberá ser elegida cada cinco años. Los Consejeros podrán servir en términos sucesivos sin límite. Cada Consejero deberá tener un voto.

Sección 5.6. Procedimientos del Parlamento Mundial

5.6.1. Cada cámara del Parlamento Mundial durante su primera sesión posterior a las elecciones generales deberá elegir cinco presidentes de entre sus propios miembros, uno por cada de las cinco Divisiones Continentales. Los presidentes deberán alternarse anualmente de tal forma que cada uno sea oficial en jefe durante un año, mientras que los cuatro restantes serán los vicepresidentes.

5.6.2. Los grupos de presidentes de cada Cámara se reunirán, según sea necesario, por el propósito de coordinar el trabajo de las Cámaras del Parlamento, ambas separadamente y conjuntas.

5.6.3. Cualquier medida o acción legislativa podrá ser iniciada en la Cámara de las Gentes o en la Cámara de las Naciones, o en ambas, y deberá ser efectiva cuando haya pasado por simple mayoría de votos tanto de la Cámara de las Gentes como de la Cámara de las Naciones, excepto en aquellos casos en los que un voto mayoritario absoluto o cualquier otro voto mayoritario sea especificado en esta Constitución Mundial.

5.6.4. En el caso de un paro (estancamiento por desacuerdo) de una medida iniciada ya sea en la Cámara de las Gentes o en la Cámara de las Naciones, la medida deberá pasar automáticamente a la Cámara de los Consejeros para su decisión por simple voto mayoritario de la Cámara de los Consejeros, excepto en casos cuando se requiere otro voto mayoritario especificado en esta Constitución Mundial. Cualquier medida podrá ser transferida para su decisión en la Cámara de los Consejeros mediante el voto concurrente de las otras dos Cámaras.

5.6.5. La Cámara de los Consejeros podrá iniciar cualquier medida legislativa, que deberá entonces ser sometida a las otras dos cámaras y deberá pasar por simple mayoría de votos de la Cámara de las Gentes y la Cámara de las Naciones para ser efectiva, al menos que otro voto mayoritario sea requerido por alguna provisión de esta Constitución Mundial.

5.6.6. La Cámara de los Consejeros podrá introducir una opinión o resolución o cualquier medida pendiente ante cualquiera de las dos otras cámaras; cualquiera de las otras cámaras podrá solicitar la opinión de la Cámara de los Consejeros antes de dictar una medida.

5.6.7. Cada cámara del Parlamento Mundial deberá adoptar sus propias reglas detalladas de procedimiento, que deberán ser consistentes con los procedimientos establecidos en esta Constitución Mundial, y que deberán ser designadas para facilitar el funcionamiento coordinado de las tres cámaras.

5.6.8. La aprobación de nombramientos por el Parlamento Mundial o por cualquiera de las cámaras deberá requerir simple mayoría de votos, mientras que la destitución de cualquier miembro deberá requerir el voto mayoritario absoluto.

5.6.9. Después de que haya sido declarada la etapa operativa completa del Gobierno Mundial, las elecciones generales para miembros del Parlamento Mundial a la Cámara de las Gentes deberán ser cada cinco años. Las primeras elecciones generales deberán ser dentro de los primeros dos años siguientes a la declaración de la etapa operativa completa del Gobierno Mundial.

5.6.10. Hasta que sea declarada la etapa operativa completa del Gobierno Mundial, las elecciones para miembros del Parlamento Mundial a la Casa de las Gentes podrán ser conducidas cuando sea factible en relación a la campaña para ratificación de esta Constitución Mundial.

5.6.11. Las sesiones regulares de la Cámara de las Gentes y la Cámara de las Naciones del Parlamento Mundial deberán convenir en el segundo lunes de enero de cada y todos los años.

5.6.12. Cada nación, de acuerdo a sus propios procedimientos, deberá nombrar o elegir miembros del Parlamento Mundial a la Cámara de las Naciones al menos con treinta días de anterioridad a la fecha en que el Parlamento Mundial sesiona en enero.

5.6.13. La Cámara de las Gentes junto con la Cámara de las Naciones deberán elegir los miembros del Parlamento Mundial a la Cámara de los Consejeros durante el mes de enero después de las elecciones generales. Para su primera sesión posterior a las elecciones generales, la Cámara de los Consejeros deberá convenir en el segundo lunes de marzo, y después concurrentemente con las otras dos cámaras.

5.6.14. Las elecciones para llenar vacantes deberán sostenerse dentro de los tres meses siguientes a la ocurrencia de la vacante o vacantes.

5.6.15. El Parlamento Mundial deberá permanecer en sesión por un mínimo de nueve meses de cada año. Se podrán tomar uno o dos descansos durante cada año, en las épocas y duraciones decididas por simple mayoría de votos de la Cámara de las Gentes y la Cámara de las Naciones con juntamente.

5.6.16. Los salarios anuales para los miembros del Parlamento Mundial de todas las tres cámaras deberán ser iguales, excepto para aquéllos que sirven también como miembros del Presidium y del Gabinete Ejecutivo.

5.6.17. La programación de salarios para miembros del Parlamento Mundial y para miembros del Presidium y del Gabinete Ejecutivo deberá estar determinada por el Parlamento Mundial.

Artículo 6.   El Ejecutivo Mundial

Sección 6.1.   Funciones y poderes del Ejecutivo Mundial

6.1.1. Implementar el sistema básico de ley mundial según se define en la Constitución Mundial y en el sistema codificado de ley mundial posterior a la aprobación por el Parlamento Mundial.

6.1.2. Implementar la legislación dictada por el Parlamento Mundial.

6.1.3. Proponer y recomendar legislación para ser dictada por el Parlamento Mundial.

6.1.4. Citar al Parlamento Mundial a sesiones especiales cuando sea necesario.

6.1.5. Supervisar la Administración Mundial y el Complejo Integrante y todos los departamentos, oficinas, institutos y agencias.

6.1.6. Nominar, seleccionar y destituir a los jefes de los varios organismos, ramas, departamentos, oficinas, comisiones, institutos, agencias y otras partes del Gobierno Mundial, de acuerdo a las provisiones de esta Constitución Mundial y como se especifican en las medidas dictadas por el Parlamento Mundial.

6.1.7. Preparar y someter anualmente al Parlamento Mundial un presupuesto comprensible para las operaciones del Gobierno Mundial, y preparar y someter periódicamente proyecciones presupuestarias por períodos de varios años.

6.1.8. Definir y proponer prioridades para la legislación mundial y asignaciones presupuestarias

6.1.9. Ser responsable ante el Parlamento Mundial por los gastos y apropiaciones realizados por el Parlamento Mundial de acuerdo con presupuestos aprobados de plazo más largo, sujeto a las revisiones aprobados por el Parlamento Mundial.

Sección 6.2. Composición del Ejecutivo Mundial

El Ejecutivo Mundial deberá consistir en un Presidium de cinco miembros, y de un Gabinete Ejecutivo de 20 a 30 miembros, y todos ellos deberán ser miembros del Parlamento Mundial.

Sección 6.3. El Presidium

6.3.1. El Presidium deberá estar compuesto de cinco miembros, uno de los cuales será el Presidente y los otros cuatro Vicepresidentes. Cada miembro del Presidium deberá provenir de una División Continental diferente.

6.3.2. La presidencia del Presidium deberá alternarse cada año, de tal forma que cada miembro servirá como Presidente y los otros cuatro como

Vicepresidentes. el orden de la rotación deberá ser decidido por el Presidium.

6.3.3. Las decisiones del Presidium deberán ser tomadas colectivamente, sobre la base de decisiones mayoritarias.

6.3.4. Cada miembro del Presidium deberá ser miembro del Parlamento Mundial, ya sea elegido a la Cámara de las Gentes o a la Cámara de los Consejeros, o nombrado o elegido a la Cámara de las Naciones.

6.3.5. Las nominaciones para el Presidium deberán ser hechas por la Cámara de los Consejeros. El número de los nominados deberá ser de dos a tres veces el número a ser electo. No más de la tercera parte de los nominados deberá ser de la Cámara de los Consejeros o de la Cámara de las Naciones, y los nominados deberán ser de todas las Divisiones Continentales.

6.3.6. De entre los nominados sometidos por la Cámara de los Consejeros, el Presidium deberá ser elegido por voto de la membresía combinada de las tres cámaras del Parlamento Mundial en sesión conjunta. Una pluralidad de votos igual a al menos 40% de la membresía total del Parlamento Mundial es requerida para la elección de cada miembro del Presidium, con votos de eliminación sucesiva necesarios hasta que se logre la pluralidad requerida.

6.3.7. Los Miembros del Presidium podrá ser destituidos, individual o colectivamente, por una mayoría absoluta de votos de la membresía combinada de las tres cámaras del Parlamento Mundial en sesión conjunta.

6.3.8. El término de labores del Presidium será de cinco años y deberá ser concurrente a los términos de labores de los miembros como Miembros del Parlamento Mundial, excepto que al final de cada período de cinco años, los miembros en servicio del Presidium deberán continuar laborando hasta que sea elegido el nuevo Presidium para el término subsiguiente. La membresía en el Presidium deberá estar limitada a dos términos consecutivos.

Sección 6.4. El Gabinete Ejecutivo

6.4.1. El Gabinete Ejecutivo deberá estar compuesto de 20 a 30 miembros, con al menos un miembro de cada una de las diez Magna Regiones Electorales y Administrativos Mundiales del mundo.

6.4.2. Todos los miembros del Gabinete Ejecutivo deberán ser miembros del Parlamento Mundial.

6.4.3. No deberá haber más de dos miembros del Gabinete Ejecutivo de cualquier nación de la Federación Mundial. Sólo podrá haber un miembro del Gabinete Ejecutivo de una nación de la cual un Miembro del Parlamento Mundial esté sirviendo como miembro del Presidium.

6.4.4. Cada miembro del Gabinete Ejecutivo deberá servir como jefe de un departamento o agencia de la Administración Mundial o Complejo Integrante, y en esta capacidad deberá ser designado como Ministro del departamento o agencia particular.

6.4.5. Las nominaciones para miembros del Gabinete Ejecutivo deberán ser realizadas por el Presidium, tomando en consideración las varias funciones que los miembros del Gabinete Ejecutivo tienen que realizar. El Presidium deberá nominar no más que dos veces el número a ser elegido.

6.4.6. El Gabinete Ejecutivo deberá ser electo por simple mayoría de votos de la membresía combinada de las tres cámaras del Parlamento Mundial en sesión conjunta.

6.4.7. Los miembros del Gabinete Ejecutivo, sea individual o colectivamente, podrán ser destituidos por una mayoría absoluta de votos de la membresía combinada de las tres cámaras del Parlamento Mundial en sesión conjunta.

6.4.8. El término de labores en el Gabinete Ejecutivo deberá ser de cinco años, y deberá ser concurrente con los términos de labores de los miembros como Miembros del Parlamento Mundial, excepto que al final de cada período de cinco años los miembros del Gabinete deberán continuar laborando hasta que sea elegido el nuevo Gabinete Ejecutivo para el término siguiente. La membresía en el Gabinete Ejecutivo deberá estar limitada a tres términos consecutivos, sin importar el cambio en la posición ministerial.

Sección 6.5. Procedimientos del Ejecutivo Mundial

6.5.1. El Presidium deberá asignar las posiciones ministeriales entre los miembros del Gabinete para encabezar los diversos departamentos administrativos y agencias importantes de la Administración y del Complejo Integrante. Cada Vicepresidente podrá también servir como un Ministro para encabezar un departamento administrativo, pero no el

Presidente. Las posiciones ministeriales podrán ser cambiadas a discreción del Presidium. Un miembro del Gabinete o un Vicepresidente podrá tener más de una posición ministerial, pero no más de tres, y ningún miembro del Gabinete podrá estar sin una posición ministerial.

6.5.2. El Presidium, de acuerdo con el Gabinete Ejecutivo, deberá preparar y presentar al Parlamento Mundial cerca del comienzo de cada año, un programa propuesto de legislación mundial. El Presidium podrá proponer otra legislación durante el año.

6.5.3. El Presidium, de acuerdo con el Gabinete Ejecutivo, y de acuerdo con la Administración Financiera Mundial, (ver Artículo 8, Sec. 7.1.8), deberá ser responsable de preparar y someter al Parlamento Mundial el presupuesto anual propuesto, y las proyecciones presupuestarias por varios años.

6.5.4. Cada miembro del Gabinete y cada Vicepresidente, como Ministro de un departamento o agencia particulares, deberá preparar un reporte anual para el departamento o agencia particulares, para ser sometido al Presidium y al Parlamento Mundial.

6.5.5. Los miembros del Presidium y del Gabinete Ejecutivo deberán ser responsables siempre ante el Parlamento Mundial (individual y colectivamente).

6.5.6. Las vacantes que ocurran en cualquier época en el Ejecutivo Mundial deberán ser llenadas dentro de los sesenta días siguientes mediante nominación y elección en la misma manera como se especifica para llenar originalmente los puestos.

Sección 6.6. Limitaciones del Ejecutivo Mundial

6.6.1. El Ejecutivo Mundial no podrá jamás alterar, suspender, infringir, reducir o violar ninguna provisión de esta Constitución Mundial o ninguna legislación o ley dictadas o aprobadas por el Parlamento Mundial de acuerdo con las provisiones de esta Constitución Mundial.

6.6.2. El Ejecutivo Mundial no podrá tener el poder de vetar ninguna legislación que haya pasado por el Parlamento Mundial.

6.6.3. El Ejecutivo Mundial no podrá disolver el Parlamento Mundial ni ninguna Cámara del Parlamento Mundial.

6.6.4. El Ejecutivo Mundial no podrá actuar contrariamente a las decisiones de las Cortes Mundiales.

6.6.5. El Ejecutivo Mundial deberá estar obligado a ejecutar fielmente toda la legislación pasada por el Parlamento Mundial de acuerdo con las provisiones de esta Constitución Mundial, y no podrá guardarse o negarse a gastar fondos apropiados por el Parlamento Mundial, ni gastar más fondos que los que son apropiados por el Parlamento Mundial.

6.6.6. El Ejecutivo Mundial no podrá trascender o contradecir las decisiones o controles del Parlamento Mundial, el Poder Judicial Mundial, o las provisiones de esta Constitución Mundial por ninguna causa de orden ejecutivo, privilegio ejecutivo o declaración o decreto de emergencia.

Artículo 7.   La Administración Mundial

Sección 7.1.   Funciones de la Administración Mundial

7.1.1. La Administración Mundial deberá ser organizada para llevar a cabo la administración detallada y continua y la realización de la legislación mundial y la ley mundial.

7.1.2. La Administración Mundial deberá estar bajo la dirección del Ejecutivo Mundial, y deberá ser responsable siempre ante el Ejecutivo Mundial.

7.1.3. La Administración Mundial deberá ser organizada de tal forma que dé continuidad profesional al trabajo de administración y realización.

Sección 7.2.   Estructura y procedimientos de la Administración Mundial

7.2.1. La Administración Mundial deberá estar compuesta de departamentos organizados profesionalmente y otras agencias en todas las áreas de actividad que requieran continuidad de administración y realización por el Gobierno Mundial.

7.2.2. Cada departamento o agencia mayor de la Administración Mundial deberá estar encabezado por un Ministro, el cual deberá ser un miembro del Gabinete Ejecutivo o Vicepresidente del Presidium.

7.2.3. Cada departamento o agencia mayor de la Administración Mundial, deberá tener como Jefe de Personal a un Administrador Superior, el cual asistirá al Ministro y supervisará el trabajo detallado del departamento o agencia.

7.2.4. Cada Administrador Superior será nombrado por el Ministro del departamento o agencia particular de entre las personas en las listas de antigüedad de la Administración Mundial de Servicio Civil, tan pronto como las listas de antigüedad sean establecidas por la Administración Mundial de Servicio Civil, y deberán ser confirmadas por el Presidium. Podrá haber nombramientos temporales realizados por los Ministros, con la confirmación del Presidium, anteriores al establecimiento de las listas de antigüedad.

7.2.5. Deberá haber un Secretario General de la Administración Mundial, el cual deberá ser nominado por el Presidium y confirmado por mayoría absoluta de votos de todo el Gabinete Ejecutivo.

7.2.6. Las funciones y responsabilidades del Secretario General de la Administración Mundial serán la de asistir en la coordinación del trabajo de los Administradores Superiores de los diversos departamentos y agencias de la Administración Mundial. El Secretario General estará siempre sujeto a la dirección del Presidium, y deberá ser el responsable directo ante el Presidium.

7.2.7. El empleo de cualquier Administrador Superior y del Secretario General, podrá finiquitarse mediante la mayoría absoluta de votos del Ejecutivo y el Presidium combinados, pero no contrario a las reglas civiles de servicio que protegen la tenencia de un cargo sobre las bases de la competencia.

7.2.8. Cada Ministro de un departamento o agencia de la Administración Mundial, siendo también un miembro del Parlamento Mundial, deberá proveer de ligamiento continuo entre ese departamento o agencia particular y el Parlamento Mundial, y deberá responder en cualquier momento a las preguntas o solicitudes de información que le haga el Parlamento, incluyendo los comités de cualquier Cámara del Parlamento Mundial.

7.2.9. El Presidium, en cooperación con los Ministros particulares en cada caso, deberá ser responsable por la organización original de cada departamento y agencia de la Administración Mundial.

7.2.10. La asignación de medidas legislativas, provisiones constitucionales y áreas de ley mundial a los departamentos y agencias particulares para la administración y realización deberán ser realizadas por el Presidium en consulta con el Gabinete Ejecutivo y el Secretario General, al menos que se especifique lo contrario en la legislación dictada por el Parlamento Mundial.

7.2.11. El Presidium, de acuerdo con el Gabinete Ejecutivo, podrá proponer la creación de otros departamentos y agencias que tengan un estado ministerial; y podrá proponer la alteración, combinación o terminación de los departamentos y agencias existentes de estado ministerial si lo considera necesario o deseable. Cualquiera de estas creaciones, alteraciones o combinaciones y terminaciones requerirá la mayoría de votos simple de las tres Cámaras del Parlamento Mundial en sesión conjunta.

7.2.12. El Parlamento Mundial, mediante la absoluta mayoría de votos de las tres cámaras en sesión conjunta, podrá especificar la creación de nuevos departamentos o agencias de estado ministerial en la Administración Mundial, o podrá aconsejar al Ejecutivo Mundial para que altere, combine o termine los departamentos o agencias existentes de estado ministerial.

7.2.13. El Presidium y el Ejecutivo Mundial no podrán crear, establecer o mantener ningún departamento o agencia administrativa o ejecutiva con el propósito de evadir el control del Parlamento Mundial.

Sección 7.3.   Departamentos de la Administración Mundial

Entre los departamentos y agencias de la Administración Mundial con un estado ministerial, pero no limitados a esta función y sujetos a combinaciones y cambios en la terminología descriptiva, estarán aquellos inscritos en esta Sección. Cada área de administración deberá estar encabezada por un Ministro de Gabinete y un Administrador Superior, o por un Vicepresidente y un Administrador Superior.

7.3.1. Desarme y Prevención de Guerras; 7.3.2. Población
7.3.3.Alimentos y Agricultura; 7.3.4. Vías Fluviales y Aguas
7.3.5. Salud y Nutrición; 7.3.6. Educación
7.3.7. Diversidad Cultural y las Artes; 7.3.8. Habitaciones y Viviendas
7.3.9. Ambiente y Ecología; 7.3.10. Recursos Mundiales
7.3.11. Océanos y Mares; 7.3.12. Atmósfera y Espacio y Parques
7.3.13. Energía; 7.3.14. Ciencia y Tecnología

7.3.15. Investigación Genética e Ingeniería; 7.3.16. Trabajo e Ingresos

7.3.17. Desarrollo Económico y Social; 7.3.18. Comercio e Industria

7.3.19. Transporte y Viajes; 7.3.20. Corporaciones Multinacionales

7.3.21. Comunicaciones y Información; 7.3.22. Derechos Humanos

7.3.23. Justicia Distributiva; 7.3.24. Cuerpo de Servicio Mundial

7.3.25. Territorios Mundiales, Capitales; 7.3.26. Relaciones Exteriores

7.3.27. Procedimientos Democráticos; 7.3.28. Rentas Públicas

Artículo 8. El Complejo Integrante

Sección 8.1. Definición

8.1.1. Ciertas agencias administrativas, de investigación, de planificación y facilitación del Gobierno Mundial que son esenciales particularmente para el funcionamiento satisfactorio de todos o la mayoría de los aspectos del Gobierno Mundial deberán incluir a las agencias inscritas en esta Sección, con la provisión de que podrán ser añadidas otras agencias si lo recomienda el Presidium seguido por la decisión del Parlamento Mundial.

8.1.1.1.   La Administración Mundial de Servicio Civil.

8.1.1.2.   La Administración Mundial de Límites y Elecciones.

8.1.1.3. El Instituto de Procedimientos Gubernamentales y Problemas Mundiales.

8.1.1.4.   La Agencia para Investigación y Planificación.

8.1.1.5.   La Agencia para Asesoría Tecnológica y Ambiental.

8.1.1.6.   La Administración Financiera Mundial.

8.1.1.7.   Comisión para Revisión Legislativa.

8.1.2. Cada agencia del Complejo Integrante deberá estar encabezada por un Ministro del Gabinete y por un Administrador Superior, o por un Vicepresidente y un Administrador Superior, junto con una Comisión como se define en este Artículo. Las reglas de procedimiento para cada agencia deberán ser decididas por mayoría de votos de los miembros de la Comisión junto con el Administrador y el Ministro o Vicepresidente.

8.1.3. El Parlamento Mundial podrá en cualquier tiempo definir las responsabilidades, funcionamiento, y organización de las diversas agencias del Complejo Integrante, consistentes con las provisiones del Artículo 8 y otras provisiones de la Constitución Mundial.

8.1.4. Cada agencia del Complejo Integrante hará un informe anual al Parlamento Mundial y al Presidium.

Sección 8.2. La Administración Mundial de Servicio Civil

8.2.1. Las funciones de la Administración Mundial de Servicio Civil deberán ser las siguientes, pero no limitadas a éstas:

8.2.1.1. Formular y definir patrones, pruebas, exámenes y escalas de salarios para el personal de todos los organismos, departamentos, oficinas, comisiones y agencias del Gobierno Mundial, en conformidad con las provisiones de esta Constitución Mundial, y con la aprobación del Presidium y del Gabinete Ejecutivo, sujeto a la revisión y aprobación del Parlamento Mundial.

8.2.1.2. Establecer listas de personal competente para todas las categorías de personal nombrado o empleado en el servicio del Gobierno Mundial.

8.2.1.3. Seleccionar y emplear bajo solicitud de cualquier organismo, departamento, oficina, instituto, comisión, agencia del gobierno o por algún oficial autorizado, el personal competente que se necesite y autorice, excepto para aquellas posiciones que requieran de la elección o nombramiento según esta Constitución Mundial o mediante la legislación específica del Parlamento Mundial.

8.2.2. La Administración Mundial de Servicio Civil estará encabezada por una comisión de diez miembros además del Ministro del Gabinete o el Vicepresidente y el administrador Superior. La Comisión estará compuesta de un comisionado por cada una de las diez Magna Regiones Electorales y Administrativas Mundiales. Las personas que trabajarán como Comisionados deberán ser nominados por la Cámara de los Consejeros y después nombrados por el Presidium por un término de cinco años. Los Comisionados podrán servir en términos consecutivos.

Sección 8.3. La Administración Mundial de Límites y Elecciones

8.3.1. Las funciones de la Administración Mundial de Límites y Elecciones deberán ser las siguientes, pero no limitadas a éstas:

8.3.1.1. Definir los límites de los Distritos Electorales y Administrativos Mundiales, de las Regiones y Magna Regiones Electorales y

Administrativas, y de las Divisiones Continentales, para ser sometidos a la aprobación del Parlamento Mundial mediante la acción legislativa.

8.3.1.2. Hacer ajustes periódicos cada diez o cinco años, según se necesite, de los límites de los Distritos Electorales y Administrativos Mundiales, de las Regiones y Magna Regiones Electorales y Administrativas Mundiales y de las Divisiones Continentales, sujetos a la aprobación del Parlamento Mundial.

8.3.1.3. Definir los procedimientos detallados para la nominación y elección de los Miembros del Parlamento Mundial a la Cámara de las Gentes y a la Cámara de los Consejeros, sujetos a la aprobación del Parlamento Mundial.

8.3.1.4. Dirigir las elecciones para miembros del Parlamento Mundial a la Cámara de las Gentes y a la Cámara de los Consejeros.

8.3.1.5. Antes de cada elección parlamentaria mundial, elaborar los Folletos Informativos para los Votantes que resumirán asuntos públicos actuales importantes, y enumerarán a cada candidato a oficina electiva junto con información estándar sobre cada candidato, y da el espacio para que cada candidato indique sus opiniones sobre los asuntos principales definidos así como en cualquier otra aplicación importante de su opción; para incluir la información sobre cualesquiera iniciativas o referéndums que deban ser votados: para distribuir las libretas de la información para los votantes para cada distrito electoral del mundo, o el grupo apropiado de distritos; y para obtener el consejo en la preparación de las libretas del Instituto en Procedimientos Gubernamentales y Problemas Mundiales, la Agencia para la Investigación y Preparación y la Agencia para la Valorización Tecnológica y Ambiental.

8.3.1.6. Definir las reglas para los partidos políticos mundiales, sujetas a la aprobación del Parlamento Mundial, y sujetas a la revisión y recomendación de los Defensores Públicos Mundiales.

8.3.1.7. Definir los procedimientos detallados para la iniciativa legislativa y el referéndum de los Ciudadanos de la Tierra, y conducir la votación sobre iniciativas supranacionales o globales y referéndums conjuntamente con elecciones parlamentarias mundiales.

8.3.1.8. Conducir plebiscitos cuando lo soliciten otros organismos del Gobierno Mundial, y hacer recomendaciones para la solución de disputas acerca de los límites.

8.3.1.9. Conducir un censo global cada cinco años, y preparar y mantener análisis demográficos completos para toda la Tierra.

8.3.2. La Administración Mundial de Límites y Elecciones deberá estar encabezada por una comisión de 10 miembros además del Administrador Superior y el Ministro del Gabinete o Vicepresidente. La comisión deberá estar compuesta de un comisionado de cada una de las diez Magna Regiones Electorales y Administrativas Mundiales. Las personas que servirán como comisionados deberán ser nominados por los Consejeros y después nombrados por el Presidium para un término de cinco años. Los comisionados podrán servir en términos consecutivos.

Sección 8.4.   El Instituto de Procedimientos Gubernamentales y Problemas Mundiales

8.4.1. Las funciones del Instituto de Procedimientos Gubernamentales y Problemas Mundiales serán como sigue, pero no limitadas a esto:

8.4.1.1. Preparar y conducir cursos sobre información, educación, y entrenamiento para todo el personal al servicio del Gobierno Mundial, incluyendo a los Miembros del Parlamento Mundial y a todo el resto del personal electivo, nombrado y de servicio civil, de tal forma que todas las personas al servicio del Gobierno Mundial comprendan mejor las funciones, estructura, procedimientos e interrelaciones de los diversos organismos, departamentos, oficinas, institutos, comisiones, agencias y otras partes del Gobierno Mundial.

8.4.1.2. Preparar y conducir cursos y seminarios sobre información, educación, discusión, actualización y nuevas ideas en todas las áreas de los problemas mundiales, particularmente para Miembros del Parlamento Mundial y del Ejecutivo Mundial, y para el jefe de personal de todos los organismos, departamentos, y agencias del Gobierno Mundial, pero abiertos a todos al servicio del Gobierno Mundial.

8.4.1.3. Traer personas calificadas de universidades privadas y públicas, colegios y organizaciones de investigación y acción de muchos países, así como otras personas calificadas, para dar discursos, conversaciones, etc. en los clases y seminarios organizados por el Instituto.

8.4.1.4. Hacer contratos con universidades privadas o públicas y colegios u otras agencias para conducir clases y seminarios para el Instituto.

8.4.2. El Instituto de Procedimientos Gubernamentales y Problemas Mundiales deberá estar supervisado por una comisión de 10 miembros además del Administrador Superior y el Ministro del Gabinete o Vicepresidente. La comisión estará compuesta de un comisionado nombrado por la Cámara de las Gentes, por la Cámara de las Naciones, la Cámara de los Consejeros, el Presidium, el Colegio de Jueces Mundiales, los Defensores Públicos Mundiales, la Oficina General para Asuntos Mundiales, la Agencia para Investigación y Planificación, la Agencia para Asesoría Tecnológica y Ambiental, y la Administración Financiera Mundial. Los comisionados deberán servir por lapsos de cinco años, y podrán servir en términos consecutivos.

Sección 8.5.   La Agencia para Investigación y Planificación

8.5.1. Las funciones de la Agencia para Investigación y Planificación serán las siguietes, pero no limitadas a éstas:

8.5.1.1. Servir al Parlamento Mundial, al Ejecutivo Mundial, a la Administración Mundial y a otros organismos, departamentos y agencias del Gobierno Mundial en cualquier materia que requiera la investigación y la planificación dentro del campo de la agencia.

8.5.1.2. Preparar y mantener un inventario comprensivo de los recursos mundiales.

8.5.1.3. Preparar planes comprensivos de largo plazo para el desarrollo, conservación y distribución equitativa de los recursos de la Tierra para el beneficio de todas las personas de la Tierra, sujetos a la acción legislativa por el Parlamento Mundial.

8.5.1.4. Preparar y mantener una lista y una descripción comprensiva de todos los problemas mundiales, incluyendo sus interrelaciones, proyecciones en el tiempo y soluciones propuestas, junto con bibliografías.

8.5.1.5. Hacer investigación y ayudar a preparar medidas legislativas a solicitud de cualquier Miembro del Parlamento Mundial o de cualquier comité de cualquier Cámara del Parlamento Mundial.

8.5.1.6. Hacer investigación y ayudar a preparar legislación propuesta o programas legislativos propuestos a solicitud del Presidium o del Gabinete Ejecutivo o de cualquier Ministro del Gabinete.

8.5.1.7. Hacer investigación y preparar informes a solicitud de cualquier otro organismo, departamento o agencia del Gobierno Mundial.

8.5.1.8. Reclutar la ayuda de universidades públicas o privadas, colegios, agencias de investigación, y otras asociaciones y organizaciones para los proyectos de investigación y planificación.

8.5.1.9. Hacer contratos con universidades públicas o privadas, colegios, agencias de investigación y otras organizaciones para la preparación de informes, estudios o propuestas específicas.

8.5.1.10. Mantener una Biblioteca Mundial comprensiva para el uso de todos los Miembros del Parlamento Mundial, y para el uso de todos los otros oficiales y personas al servicio del Gobierno Mundial, como también para información pública.

8.5.2. La Agencia para Investigación y Planificación estará supervisada por una comisión de 10 miembros además del Administrador Superior y el Ministro del Gabinete o el Vicepresidente. La comisión estará compuesta de un comisionado nombrado por la Cámara de las Gentes, la Cámara de las Naciones, la Cámara de los Consejeros, el Presidium, el Colegio de Jueces Mundiales, la Oficina de Asuntos Mundiales, los Defensores Públicos Mundiales, la Agencia para Asesoría Tecnológica y Ambiental, el Instituto de Procedimientos Gubernamentales y Problemas Mundiales, y la Administración Financiera Mundial. Los comisionados deberán servir por un término de cinco años, y podrán servir en términos consecutivos.

Sección 8.6. La Agencia para Asesoría Tecnológica y Ambiental

8.6.1. Las funciones de la Agencia para Asesoría Tecnológica y Ambiental serán las siguientes, pero no limitadas a éstas:

8.6.1.1. Establecer y mantener un registro y una descripción de todas las innovaciones tecnológicas significativas, junto con proyecciones de impacto.

8.6.1.2. Examinar, analizar y asesorar los impactos y consecuencias de las innovaciones tecnológicas que puedan tener consecuencias benéficas o perjudiciales a la vida humana o a la ecología de la vida en la Tierra, o que puedan requerir regulaciones o prohibiciones particulares para prevenir o eliminar peligros o para asegurar beneficios.

8.6.1.3. Examinar, analizar o determinar problemas ambientales y ecológicos, en particular aquellos problemas ambientales y ecológicos que podrán resultar de algún cambio en las relaciones ambientales o ecológicas causado por innovaciones tecnológicas, procesos de desarrollo de recursos, patrones de viviendas humanas, la producción de energía, patrones de desarrollo económico e industrial, u otros cambios del ambiente (hechos por el hombre), o que puedan resultar de causas naturales.

8.6.1.4. Mantener una red global de monitores para medir los posibles efectos perjudiciales de las innovaciones tecnológicas y disturbios ambientales, para que puedan ser elaboradas medidas correctivas.

8.6.1.5. Preparar recomendaciones basadas en análisis y evaluaciones tecnológicos y ambientales, que puedan servir como guías al Parlamento Mundial, al Ejecutivo Mundial, a la Administración Mundial, a la Agencia para Investigación y Planificación, y a los otros organismos, departamentos, y agencias del Gobierno Mundial, así como también a los individuos al servicio del Gobierno Mundial y a los gobiernos nacionales y locales y a los cuerpos legislativos.

8.6.1.6. Reclutar la ayuda y participación voluntaria o contractual de las universidades públicas y privadas, colegios, institutos de investigación y otras asociaciones y organizaciones en el trabajo de la evaluación tecnológica y ambiental.

8.6.1.7. Reclutar la ayuda y participación voluntaria o contractual de las universidades públicas y privadas, colegios, instituciones de investigación y otras organizaciones para inventar o desarrollar alternativas a tecnologías perjudiciales o peligrosas y a actividades destructivas ambientales, e inventar controles para asegurar resultados benéficos de las innovaciones tecnológicas o para prevenir resultados perjudiciales de innovaciones tecnológicas o cambios ambientales, todo sujeto a la legislación para su realización por el Parlamento Mundial.

8.6.2. La Agencia para Asesoría Tecnológica y Ambiental estará supervisada por una comisión de diez miembros además del Administrador Superior y el Ministro del Gabinete o Vicepresidente. La comisión estará compuesta de un comisionado por cada una de las diez

Magna Regiones Electorales y Administrativas Mundiales. Las personas que sirvan como comisionados serán nominadas por la Cámara de los Consejeros, y después nombradas por el Presidium Mundial para períodos de cinco años. Los Comisionados podrán servir en términos consecutivos.

Sección 8.7. La Administración Financiera Mundial

8.7.1. Las funciones de la Administración Financiera Mundial deberán ser las siguientes, pero sin limitarse a éstas:

8.7.1.1. Establecer y operar los procedimientos para la colección de las rentas públicas para el Gobierno Mundial, conforme a la legislación del Parlamento Mundial, inclusivo de impuestos, de costos sociales y públicos global considerados, de licencias, de honorarios, de arreglos de compartir de crédito, de la renta derivada de las empresas públicas o de los proyectos o de los progresos de recursos supranacionales, y de todo las demás fuentes.

8.7.1.2. Operar una Oficina de Contabilidad Planetaria, y mediante ésta hacer estudios e informes de costo/beneficio del funcionamiento y actividades del Gobierno Mundial y de sus diversos organismos, departamentos, ramas, oficinas, comisiones, institutos, agencias y otras partes o proyectos. Al hacer tales estudios e informes, la contabilidad no se limitará a los costos y beneficios financieros directos, sino también tomará en cuenta los costos y beneficios humanos, sociales, ambientales, indirectos, de largo plazo y otros, y los daños y perjuicios reales o posibles. Tales estudios e informes también serán designados para descubrir cualquier desperdicio, ineficacia, corrupción, mala aplicación, malversación, costos innecesarios y otras posibles irregularidades.

8.7.1.3. Hacer estudios e informes de costo/beneficio a solicitud de cualquier Cámara o comité del Parlamento Mundial, y del Presidium, el Gabinete Ejecutivo, los Defensores Públicos Mundiales, la Oficina de Asuntos Mundiales, la Suprema Corte Mundial, o de cualquier departamento administrativo o cualquier agencia del Complejo Integrante, como también por su propia iniciativa.

8.7.1.4. Operar una Oficina de Controladores Planetarios y supervisar el desembolso de los fondos del Gobierno Mundial para todos los propósitos, proyectos, y actividades debidamente autorizados por esta Constitución Mundial, el Parlamento Mundial, el Ejecutivo Mundial, y otros organismos, departamentos y agencias del Gobierno Mundial.

8.7.1.5. Establecer y operar un Sistema Bancario Planetario, haciendo la transición a una moneda global común, bajo los términos de la legislación específica dictada por el Parlamento Mundial.

8.7.1.6. Conforme a la legislación específicamente promulgada por el Parlamento Mundial, y en unión con el Sistema Bancario Planetario, establecer e implementar los procedimientos de un Sistema Monetario y Crediticio Bancario basado en la capacidad productiva útil, tanto en bienes como en servicios. Tal sistema monetario y crediticio estará designado para el uso dentro del Sistema Bancario Planetario para el financiamiento de las actividades y proyectos del Gobierno Mundial, y por todos los otros propósitos financieros aprobados por el Parlamento Mundial, sin requerir el pago de interés en bonos, inversiones u otra petición de propiedad o deuda financiera.

8.7.1.7. Establecer criterios para la extensión de crédito financiero basados en consideraciones tales como gente disponible a trabajar, la utilidad, contabilidad costo/beneficio, valores humanos y sociales, salud y estética ambiental, la reducción de disparidades al mínimo, integridad, dirección competente, tecnología apropiada, producción potencial y desarrollo.

8.7.1.8. Establecer y operar un Sistema de Seguros Planetario en áreas de necesidad mundial que trasciendan los límites nacionales y de acuerdo a la legislación dictada por el Parlamento Mundial.

8.7.1.9. Asesorar al Presidium en la preparación técnica de presupuestos para la operación del Gobierno Mundial.

8.7.2. La Administración Financiera Mundial estará supervisada por una comisión de diez miembros, junto con un Administrador Superior y un Ministro del Gabinete o Vicepresidente. La comisión estará compuesta de un comisionado nombrado por la Cámara de las Gentes, la Cámara de las Naciones, la Cámara de los Consejeros, el Presidium, el Colegio de Jueces Mundiales, la Oficina de Asuntos Mundiales, los Defensores Públicos Mundiales, la Agencia para Investigación y Planificación, la Agencia para Asesoría Tecnológica y Ambiental, y el Instituto de Procedimientos Gubernamentales y Problemas Mundiales. Los comisionados deberán servir por períodos de cinco años y podrán servir en términos consecutivos.

Sección. 8.8.   Comisión de la Revisión Legislativa

8.8.1. Las funciones de la Comisión para la Revisión Legislativa serán
examinar la legislación mundial y los leyes del mundo que el Parlamento
Mundial decreta o adopta del cuerpo anterior del derecho internacional con
el fin de analizar si alguna legislación o ley determinada ha llegado a ser
obsoleta u obstructora o defectuosa en responder a los propósitos previstos;
y para hacer recomendaciones al Parlamento Mundial por consiguiente
para la abrogación o la enmienda o el reemplazo.

8.8.2. La Comisión para la Revisión Legislativa se compondrá de doce
miembros, incluyendo dos de cada cual que se elegirán por la Cámara del
Pueblo, la Cámara de Naciones, el Cámara de Consejeros, del Colegio de
Jueces Mundial, del *Ombudsmus* Mundial y del Presidium. Los miembros
de la Comisión servirán términos de diez años, y pueden ser reelegidos
para servir términos consecutivos. Después de que formen a la Comisión
al principio, una mitad de los miembros de la Comisión será elegida cada
cinco años, con los primeros términos para una mitad de los miembros para
ser solamente cinco años.

Artículo 9.   Jurisdicción Mundial

Sección 9.1.   Jurisdicción de la Suprema Corte Mundial

9.1.1. Será establecida una Suprema Corte Mundial, junto con Cortes
Mundiales de Distrito según sea necesario subsecuentemente. La Suprema
Corte Mundial deberá comprender un número de tribunales.

9.1.2. La Suprema Corte Mundial, junto con las Cortes Mundiales
Regionales y de Distrito que sean establecidas, tendrá jurisdicción
obligatoria en todos los casos, acciones, disputas, conflictos, violaciones
de ley, asuntos civiles, garantías de derechos humanos y civiles,
interpretaciones constitucionales, y otras litigaciones que surjan bajo las
provisiones de esta Constitución Mundial, la legislación mundial y el
cuerpo de ley mundial aprobados por el Parlamento Mundial.

9.1.3. Las decisiones de la Suprema Corte serán válidas para todas las
partes envueltas en todos los casos, acciones y litigios llevados ante
cualquier tribunal de la Suprema Corte. Cada tribunal de la Suprema Corte
deberá constituir una corte de apelación suprema, excepto cuando casos de
extraordinaria importancia pública sean asignados o transferidos al

Tribunal Superior de la Suprema Corte Mundial, como se define en la Sección 5 del Artículo 9.

Sección 9.2. Tribunales de la Suprema Corte Mundial

Los tribunales de la Suprema Corte Mundial y sus respectivas jurisdicciones serán como sigue:

9.2.1. Tribunal por los Derechos Humanos: Para tratar con asuntos de derechos humanos que surjan de las garantías de derechos civiles y humanos establecidos por el Artículo 12 de esta Constitución Mundial, y por las provisiones del Artículo 13 de esta Constitución Mundial, y por cualquier legislación mundial o cuerpo de ley mundial aprobados por el Parlamento Mundial.

9.2.2. Tribunal para Casos Criminales: Para tratar con asuntos que surjan de la violación de las leyes mundiales y la legislación mundial por individuos, corporaciones, grupos y asociaciones, pero no asuntos concernientes primariamente a los derechos humanos.

9.2.3. Tribunal para Casos Civiles: Para tratar con asuntos que tengan que ver con las leyes civiles y disputas entre individuos, corporaciones, grupos y asociaciones que surjan debido a la legislación mundial y la ley mundial y la administración mundial.

9.2.4. Tribunal para Casos Constitucionales: Para tratar con la interpretación de la Constitución Mundial y con asuntos y acciones que surjan en conexión con la interpretación de la Constitución Mundial.

9.2.5. Tribunal para Conflictos Internacionales: Para tratar disputas, conflictos y competencias legales que surjan entre las naciones que se han unido a la Federación de la Tierra.

9.2.6. Tribunal para Casos Públicos: Para tratar asuntos que no estén bajo la jurisdicción de otro tribunal que surjan por conflictos, disputas, asuntos civiles u otras competencias legales entre el Gobierno Mundial y las corporaciones, grupos o individuos, o entre los gobiernos nacionales y las corporaciones, grupos o individuos en casos que se refieran a la legislación mundial y a la ley mundial.

9.2.7. Tribunal de Apelación: Para tratar asuntos que se refieran a la legislación mundial y a la ley mundial, los cuáles podrán ser apelados de cortes nacionales; y para decidir a cuál tribunal asignar un caso o acción o litigio cuando surja una pregunta o un desacuerdo en la jurisdicción apropiada.

9.2.8. Tribunal de Consejos: Para dar opiniones a solicitud de cualquier cuestión legal que surja bajo la ley mundial o la legislación mundial, sin incluir las acciones que incluyan la interpretación de la Constitución Mundial. Las opiniones podrán ser solicitadas por cualquier Departamento Administrativo, la Oficina de Asuntos Mundiales, los Defensores Públicos Mundiales, o por cualquier agencia del Complejo Integrante.

9.2.9. Podrán ser establecidos otros tribunales, o ser combinados o terminados según recomendaciones del Colegio de Jueces Mundiales con la aprobación del Parlamento Mundial, pero los ocho tribunales anteriormente citados no podrán ser combinados o liquidados excepto por orden de esta Constitución Mundial.

Sección 9.3. Ubicaciones de la Suprema Corte Mundial

9.3.1. La ubicación primaria de la Suprema Corte Mundial y de todos los tribunales deberá ser la misma que la localización de la Capital Mundial Primaria y de la localización del Parlamento Mundial y el Ejecutivo Mundial.

9.3.2. Las ubicaciones continentales de la Suprema Corte Mundial serán establecidas en las cuatro capitales secundarias del Gobierno Mundial localizadas en cuatro diferentes Divisiones Continentales de la Tierra, como se especifica en el Artículo 15.

9.3.3. Los siguientes tribunales permanentes de la Suprema Corte Mundial serán establecidos en la ubicación primaria y en cada una de las ubicaciones continentales: Derechos Humanos, Casos Criminales, Casos Civiles y Casos Públicos .

9.3.4. Los siguientes tribunales permanentes de la Suprema Corte Mundial serán localizados sólo en la ubicación primaria de la Suprema Corte Mundial: Casos Constitucionales, Conflictos Internacionales, Tribunal de Apelación y Tribunal de Consejos .

9.3.5. Los tribunales que están localizados permanentemente sólo en la ubicación primaria de la Suprema Corte Mundial podrán sostener sesiones especiales en las otras ubicaciones continentales de la Suprema Corte Mundial cuando sea necesario, o podrán establecer circuitos continentales si se necesitan.

9.3.6. Los tribunales de la Suprema Corte Mundial que tienen localizaciones continentales permanentes podrán sostener sesiones especiales en otras localidades cuando se necesite, o podrán establecer circuitos regionales si se necesita.

Sección 9.4. El Colegio de Jueces Mundiales

9.4.1. Un Colegio de Jueces Mundiales será establecido por el Parlamento Mundial. El Colegio consistirá de un mínimo de veinte jueces miembros, y podrá ser extendido según se necesite, pero sin sobrepasar los sesenta miembros .

9.4.2. Los Jueces Mundiales que compongan el Colegio de Jueces Mundiales serán nominados por la Cámara de los Consejeros y deberán ser elegidos por pluralidad de votos de las tres cámaras del Parlamento Mundial en sesión conjunta. La Cámara de los Consejeros nominará entre dos y tres veces el número de jueces mundiales que deben ser elegidos. Deberá ser elegido también un número igual de Jueces Mundiales por cada una de las diez Magna Regiones Electorales y Administrativas Mundiales, si no inmediatamente, entonces por rotación.

9.4.3. El término de labores de un Juez Mundial será de 10 años. Podrán servir términos sucesivos sin límite.

9.4.4. El Colegio de Jueces Mundiales elegirá un Consejo de Jueces Mundiales, consistente de un Jefe de Justicia y cuatro Jefes de Justicia Asociados. Un miembro del Consejo de Jueces Mundiales será elegido de cada una de las cinco Divisiones Continentales de la Tierra. Los miembros del Consejo de Jueces Mundiales servirán por períodos de cinco años, y podrán servir en dos períodos sucesivos, pero no podrán servir en dos períodos sucesivos como Jefes de Justicia.

9.4.5. El Consejo de Jueces Mundiales asignará todos los Jueces Mundiales, incluyéndose a sí mismos, a los diversos tribunales de la Suprema Corte Mundial. Cada tribunal deberá tener un mínimo de tres Jueces Mundiales, excepto que el número de Jueces Mundiales para los tribunales para Casos Constitucionales y Conflictos Internacionales, y el Tribunal de Apelación, no será menor de cinco.

9.4.6. Los miembros jueces de cada tribunal en cada localización escogerán anualmente un Juez Presidente, que podrá servir en dos períodos sucesivos.

9.4.7. Los miembros de los diversos tribunales podrán ser reconstituidos de tiempo en tiempo como parezca deseable o necesario según la decisión del Consejo de Jueces Mundiales. Cualquier decisión para reconstituir un tribunal deberá referirse al voto de todo el Colegio de Jueces Mundiales a solicitud de cualquier Juez Mundial.

9.4.8. Cualquier Juez Mundial podrá ser destituido de su cargo mediante la mayoría absoluta de las dos terceras partes de los votos de las tres cámaras del Parlamento Mundial en sesión conjunta.

9.4.9. Entre los requisitos necesarios para los Jueces de la Suprema Corte Mundial estarán éstos: al menos diez años de experiencia legal o jurídica, edad mínima de treinta años, y competencia evidente en ley mundial y en humanidades.

9.4.10. Los salarios, gastos, remuneraciones y prerrogativas de los Jueces Mundiales deberán ser determinados por el Parlamento Mundial, y serán revisados cada cinco años, pero nunca serán modificadas en contra de cualquier Juez Mundial durante su período activo. Todos los miembros del Colegio de Jueces Mundiales deberán recibir los mismos salarios, excepto que se le podrá dar una compensación adicional al Consejo de Jueces Mundiales.

9.4.11. Mediante la recomendación por el Colegio de Jueces Mundiales, el Parlamento Mundial tendrá la autoridad para establecer cortes regionales y de distrito mundiales bajo la Suprema Corte Mundial, y de establecer jurisdicciones de éstas, y los procedimientos para apelación a la Suprema Corte Mundial o a los diversos tribunales de ésta.

9.4.12. Las reglas detalladas de procedimiento para el funcionamiento de la Suprema Corte Mundial, el Colegio de Jueces Mundiales, y para cada tribunal de la Suprema Corte Mundial, serán decididas y enmendadas por mayoría de votos absoluta del Colegio de Jueces Mundiales.

Sección 9.5. El Tribunal Superior de la Suprema Corte Mundial

9.5.1. Un Tribunal Superior de la Suprema Corte Mundial será establecido para tomar casos que son considerados de importancia pública extraordinaria. El Tribunal Superior para cualquier año consistirá del Consejo de Jueces Mundiales junto con un Juez Mundial nombrado por el Juez Presidente de cada tribunal de la Corte Mundial ubicado en la localización primaria de la Suprema Corte Mundial. La composición del Tribunal Superior podrá continuar sin cambio por un segundo año, si así lo decide el Consejo de Jueces Mundiales.

9.5.2. Cualquier parte de una disputa, asunto, caso o litigio que esté bajo la jurisdicción de la Suprema Corte Mundial, podrá pedir a cualquier tribunal de la Suprema Corte Mundial o al Consejo de Jueces Mundiales el asignación o transferencia del caso al Tribunal Superior sobre la base de importancia pública extraordinaria. Si la aplicación es aprobada, el caso deberá ser oído y solucionado por el Tribunal Superior. También, si cualquier tribunal juzga que tiene un caso de importancia pública extraordinaria, podrá transferir el caso al Tribunal Superior.

Artículo 10.   El Sistema Coercitivo
Sección 10.1.   Principios básicos

10.1.1. La aplicación de la ley mundial y la legislación mundial se aplicarán directamente a los individuos, y los individuos serán responsables de acatar la ley mundial y la legislación mundial sin importar si los individuos están actuando por su propia iniciativa, o como agentes u oficiales de gobiernos a cualquier nivel o de las instituciones de los gobiernos, o como agentes u oficiales de corporaciones, organizaciones, asociaciones o grupos de cualquier clase.

10.1.2. Cuando sean violadas las leyes mundiales, la legislación mundial o las decisiones de las cortes mundiales, el Sistema de Coerción operará para identificar y aprehender a los individuos responsables de las violaciones.

10.1.3. Ninguna acción coercitiva deberá violar los derechos civiles y humanos garantizados bajo esta Constitución Mundial.

10.1.4. La coerción de ley mundial y legislación mundial deberá ser llevada a cabo en el contexto de una federación mundial no militar en la que todas las naciones miembros deberán acatar el desarme como una condición para unirse y beneficiarse de la federación mundial, sujeto al Artículo 17, Secciones 3.8 y 4.6. La Federación de la Tierra y el Gobierno Mundial no deberán, bajo esta Constitución Mundial, tener o usar armas de destrucción masiva.

10.1.5. Los agentes del Sistema Coercitiva cuya función sea la de aprehender y traer a la corte a los violadores de la ley mundial y la legislación mundial estarán equipados solamente con las armas que sean apropiadas para la aprehensión de individuos responsables de violación.

10.1.6. La coerción de ley mundial y legislación mundial estará concebida y desarrollada primariamente como el proceso de diseño y administración efectivos de ley mundial y legislación mundial para que sirva al bienestar de toda la gente de la Tierra, con equidad y justicia en la cual se utilizan los recursos de la tierra y de los fondos y de los créditos del Gobierno Mundial solamente para servir a las necesidades humanas pacíficas, y ningunos usados para las armas de la destrucción total ni para las capacidades para hacer la guerra.

Sección 10.2. La estructura para la coerción

10.2.1. El Sistema Coercitivo deberá estar encabezado por una Oficina de Fiscales Mundiales y una Comisión de Fiscales Regionales Mundiales.

10.2.2. La Oficina de Fiscales Mundiales estará compuesta de cinco miembros, y uno de ellos será designado como el Fiscal Mundial y los otros cuatro serán Fiscales Mundiales Asociados.

10.2.3. La Comisión de Fiscales Regionales Mundiales consistirá de veinte Fiscales Regionales Mundiales.

10.2.4. Los miembros de la Oficina de Fiscales Mundiales serán nominados por la Cámara de los Consejeros, con tres nominados por cada División Continental de la Tierra. Un miembro de la Oficina será elegido de cada una de las cinco Divisiones Continentales por pluralidad de votos de las tres cámaras del Parlamento Mundial en sesión conjunta.

10.2.5. El término de labores para un miembro de la Oficina de Fiscales Mundiales será de diez años. Un miembro podrá servir en dos términos consecutivos. La posición del Fiscal Mundial deberá alternarse cada dos años entre los cinco miembros de la oficina.

10.2.6. La Oficina de Fiscales Mundiales nominará miembros para la Comisión de veinte Fiscales Regionales Mundiales de las veinte Regiones Electorales y Administrativas Mundiales, con dos o tres nominados sometidos por cada Región. De estas nominaciones, las tres cámaras del Parlamento Mundial en sesión conjunta elegirán un Fiscal Regional Mundial de cada una de las veinte Regiones. Los Fiscales Regionales servirán términos de cinco años, y podrán servir en tres términos consecutivos.

10.2.7. Cada Fiscal Regional Mundial organizará y estará a cargo de una Oficina de Fiscales Regionales Mundiales. Cada Fiscal Mundial Asociado estará a cargo de la supervisión de cinco Oficinas de Fiscales Regionales Mundiales.

10.2.8. El personal que llevará a cabo el trabajo de coerción, además de los cinco Miembros de la Oficina de Fiscales Mundiales y los veinte Fiscales Regionales Mundiales, será seleccionado de listas de servicio civil, y estará organizado para las siguientes funciones :

10.2.8.1 Investigación 10.2.8.2. Aprehensión y arresto 10.2.8.3. Prosecución 10.2.8.4. Remedios y corrección 10.2.8.5. Resolución de Conflictos.

10.2.9. Los requisitos para ser miembro de la Oficina de Fiscales Mundiales y de la Oficina de Fiscales Mundiales Regionales serán: tener al menos treinta años de edad, al menos siete años de experiencia legal, y educación en leyes y humanidades.

10.2.10. El Fiscal Mundial, los Fiscales Mundiales Asociados, y los Fiscales Regionales Mundiales serán siempre responsables ante el Parlamento Mundial. Cualquier miembro de la Oficina de Fiscales Mundiales y cualquier Fiscal Regional Mundial podrá ser destituidos de sus cargos por mayoría simple de votos de las tres casas del Parlamento Mundial en sesión conjunta.

Sección 10.3. La Policía Mundial

10.3.1. La sección del personal de la Oficina de Fiscales Mundiales y de las Oficinas de Fiscales Regionales responsable de la aprehensión y arresto de los violadores de la ley mundial y la legislación mundial, será designada como Policía Mundial.

10.3.2. Cada personal regional de la Policía Mundial estará encabezado por un Capitán de la Policía Regional Mundial, el cual será nombrado por el Fiscal Regional Mundial.

10.3.3. La Oficina de Fiscales Mundiales nombrará un Supervisor de la Policía Mundial, para que esté a cargo de aquellas actividades que trasciendan las Regiones. El Supervisor de la Policía Mundial dirigirá a los Capitanes de la Policía Regional Mundial en las acciones que requieran una acción coordinada o conjunta y que trasciendan los límites regionales, y dirigirá cualquier acción que requiera la iniciación o dirección de la Oficina de Fiscales Mundiales.

10.3.4. Las búsquedas y arrestos hechos por la Policía Mundial sólo serán posibles si cumplen las garantías establecidas por la Oficina de Fiscales Mundiales o por un Fiscal Regional Mundial.

10.3.5. La Policía Mundial sólo estará armada con armas apropiadas para la aprehensión de los individuos responsables de la violación de la ley mundial.

10.3.6. El empleo en la capacidad de Capitán de Policía Mundial y de Supervisor de la Policía Mundial estará limitado a diez años.

10.3.7. El Supervisor de la Policía Mundial y cualquier Capitán de la Policía Regional Mundial podrán ser destituidos de su cargo por decisión de la Oficina de Fiscales Mundiales o por una mayoría de votos absoluta de las tres cámaras del Parlamento Mundial en sesión común.

Sección 10.4. Medios de coerción

10.4.1. Los medios no militares de coerción de ley mundial y legislación mundial serán desarrollados por el Parlamento Mundial y por la Oficina de Fiscales Mundiales en consulta con la Comisión de Fiscales Regionales Mundiales, el Colegio de Jueces Mundiales, el Presidium Mundial, y los Defensores Públicos Mundiales. Los medios de coerción requerirán de una legislación dictada por el Parlamento Mundial.

10.4.2. Los medios no militares de coerción que pueden ser desarrollados pueden incluir: La negación de crédito financiero; la negación de recursos materiales y personal revocación de licencias, o derechos corporativos; el decomisar los equipos; pagos de multas y daños; trabajar para rectificar los daños; prisión o aislamiento; y otros medios apropiados a las situaciones especificas.

10.4.3. Para enfrentarse a situaciones de motines, insurrecciones y violencia armada, se desarrollarán estrategias y métodos particulares por el Parlamento Mundial y por la Oficina de Fiscales Mundiales en consulta con la Comisión de Fiscales Regionales Mundiales, el Colegio de Jueces Mundiales, El Presidium y los Defensores Públicos Mundiales. Tales métodos y estrategias requerirán de una legislación del Parlamento Mundial además de las provisiones específicas de esta Constitución Mundial.

10.4.4. Una condición básica para prevenir hechos violentos, lo cual el Sistema Coercitivo facilitará en todas las formas posibles, será el de asegurar el que la persona sea escuchada bajo circunstancias no violentas y el de asegurar una oportunidad justa para una justa solución de cualquier problema que tenga que ver con los derechos humanos y el bienestar de todos los humanos de la Tierra.

Artículo 11. *Ombudsmus* Mundiales

Sección 11.1. Funciones y poderes de los *Ombudsmus* Mundiales

11.1. Las funciones y poderes de los Defensores Públicos serán las siguientes:

11.1.1. Proteger a la Gente de la Tierra y a todos los individuos contra las violaciones o negaciones de los derechos humanos y civiles universales que están estipulados en el Artículo 12 y otras secciones de esta Constitución Mundial.

11.1.2. Proteger a la Gente de la Tierra contra violaciones de esta Constitución Mundial por cualquier oficial o agencia del Gobierno Mundial, incluyendo tanto a los oficiales elegidos como a los nombrados, o a los empleados públicos de cualquier organismo, departamento, oficina, agencia o rango.

11.1.3. Presionar por la realización de los Principios Directivos para el Gobierno Mundial como se define en el Artículo 13 de esta Constitución Mundial.

11.1.4. Promover el bienestar de la gente de la Tierra al asegurarse que sean logradas las condiciones de justicia social y de minimizar las disparidades en la realización y administración de la legislación mundial y la ley mundial.

11.1.5. Estar alerta de los peligros a la humanidad que surjan de innovaciones tecnológicas, disturbios ambientales y otras causas diversas, y proponer iniciativas para la corrección o prevención de tales peligros.

11.1.6. Asegurarse que la administración de las leyes apropiadas, ordenanzas y procedimientos del Gobierno Mundial no resulten en injusticias o injusticias imprevistas, o se pierdan en los procesos burocráticos o en los detalles de la administración.

11.1.7. Recibir y escuchar quejas, injusticias o solicitudes de ayuda de cualquier persona, grupo, organización, asociación, cuerpo Político o agencia que se refiera a cualquier asunto que esté dentro del campo de los Defensores Públicos.

11.1.8. Solicitar a la Oficina de Fiscales Mundiales o a cualquier Fiscal Regional Mundial que inicie acciones legales o procedimientos en la corte cuando y donde se considere necesario o deseable desde el punto de vista de los Defensores Públicos Mundiales.

11.1.9. Iniciar directamente acciones legales y procedimientos en la corte cuando los Defensores Públicos juzguen necesario.

11.1.10. Revisar el funcionamiento de los departamentos, oficinas, comisiones, institutos, organismos y agencias del Gobierno Mundial para asegurarse de que los procedimientos del Gobierno Mundial están satisfaciendo adecuadamente sus propósitos y sirviendo al bienestar de la humanidad en una forma óptima, y hacer recomendaciones para mejorías.

11.1.11. Presentar un informe anual al Parlamento Mundial y al Presidium sobre las actividades de los Defensores Públicos Mundiales, junto con cualquier recomendación para que las medidas legislativas mejoren el funcionamiento del Gobierno Mundial con el propósito de servir mejor al bienestar de la Gente.

Sección 11.2. Composición del cuerpo de los *Ombudsmus* Mundiales

11.2.1. Los Defensores Públicos estarán encabezados por un Consejo de Defensores Públicos de cinco miembros, y uno de ellos será designado como el Defensor Público Principal, mientras que los otros cuatro serán designados como Defensores Públicos Asociados.

11.2.2. Los miembros del Consejo de Defensores Públicos Mundiales serán nominados por la Cámara de los Consejeros, con tres nominados por cada División Continental. Un miembro del Consejo será elegido de entre cada una de las cinco Divisiones Continentales por pluralidad de votos de las tres cámaras del Parlamento Mundial en sesión conjunta.

11.2.3. El período de labores de un Defensor Público Mundial será de diez años. Un Defensor Público Mundial podrá servir en dos términos sucesivos. La posición del Defensor Público Principal deberá alternarse cada dos años. El orden de rotación estará determinado por el Consejo de Defensores Públicos Mundiales.

11.2.4. El Consejo de Defensores Públicos Mundiales estará asistido por una Comisión de Abogados de veinte miembros. Los miembros de la Comisión de Abogados Mundiales serán nominados por el Consejo de Defensores Públicos Mundiales de entre las veinte Regiones Electorales y Administrativas Mundiales, con dos o tres nominados sometidos por cada Región. Un Abogado Mundial será elegido de entre las veinte Regiones Electorales y Administrativas Mundiales por las tres cámaras del Parlamento Mundial en sesión conjunta. Los Abogados Mundiales servirán términos de cinco años, y podrán servir un máximo de cuatro términos sucesivos.

11.2.5. El Consejo de Defensores Públicos Mundiales establecerá veinte oficinas regionales, además de la oficina mundial principal que estará en el lugar donde esté el Gobierno Mundial. Las veinte oficinas regionales de los Defensores Públicos Mundiales serán paralelas a la organización de las veinte Oficinas de Fiscales Regionales Mundiales.

11.2.6. Cada oficina regional de Defensores Públicos estará encabezada por un Abogado Mundial. Cada cinco oficinas regionales de Defensores Públicos estarán supervisadas por un Defensor Público Asociado.

11.2.7. Cualquier Defensor Público o cualquier Abogado Mundial podrán ser destituidos de su cargo por una mayoría absoluta de votos de las tres cámaras del Parlamento Mundial en sesión conjunta.

11.2.8. Los miembros del personal de los Defensores Públicos y de cada oficina regional de los Defensores Públicos serán seleccionados y empleados de las listas de servicio civil.

11.2.9. Los requisitos para ser Defensor Público o Abogado Mundial serán: al menos treinta años de edad, al menos cinco años de experiencia legal, y educación en leyes y otra educación pertinente.

Artículo 12. Carta de Derechos para los Ciudadanos de la Tierra

Los habitantes y ciudadanos de la Tierra que estén dentro de la Federación de la Tierra tendrán ciertos derechos inalienables definidos en esta sección. Será obligatorio para el Parlamento Mundial, el Ejecutivo Mundial, y todos los organismos y agencias del Gobierno Mundial el honrar, implementar y reforzar estos derechos, así como también para los gobiernos nacionales de todas las naciones miembros de la Federación de la Tierra hacer lo mismo. Los individuos o grupos que sufran la violación o negación de tales derechos tendrán pleno apoyo a través de los Defensores Públicos Mundiales, el Sistema Coercitivo y las Cortes Mundiales. Los derechos inalienables serán los siguientes:

12.1. Derechos iguales para todos los ciudadanos de la Federación de la Tierra, sin discriminación sobre la base de raza, color, casta, nacionalidad, sexo, religion, afiliación política, propiedad o estado social.

12.2. Protección y aplicación equitativa de la legislación mundial y las leyes mundiales para todos los ciudadanos de la Federación de la Tierra.

12.3. Libertad de pensamiento y conciencia, de palabra, prensa, comunicación, expresión, publicación, transmisión en radio y televisión, y cine, excepto cuando sea incitación a la violencia, a motines armados o insurrecciones.

12.4. Libertad de asamblea, asociación, organización, petición y demostración pacífica.

12.5. Libertad de voto sin coacción, y libertad para la organización política sin censura o recriminación.

12.6. Libertad para profesar, practicar y promover las creencias religiosas o no-religión o creencias no-religiosas.

12.7. Libertad para profesar y promover creencias políticas o creencias no-políticas.

12.8. Libertad para investigación, encuestas e informes.

12.9. Libertad para viajar sin pasaportes o visas o cualquier forma de registro usadas para limitar los viajes entre, o dentro de las naciones.

12.10. Prohibición contra la esclavitud, servidumbre involuntaria, y reclutamiento.

12.11. Prohibición contra el reclutamiento militar.

12.12. La seguridad de la persona contra el arresto arbitrario o irrazonable, detención, exilio, etc.; mandamientos judiciales requeridos para búsquedas y arrestos.

12.13. Prohibición contra cualquier tortura física o psicológica durante cualquier período de investigación, arresto, detención, o encarcelamiento, y castigo cruel o insólito.

12.14. Derecho de hábeas corpus (auto de comparencia); ningunas leyes ex-post-facto; ningún peligro (riesgo) doble; derecho a rechazar autoincriminación o la incriminación de otro.

12.15. Prohibición contra armadas privadas y organizaciones paramilitares por ser amenazas a la paz y seguridad comunes.

12.16. Seguridad de la propiedad contra el embargo arbitrario; protección contra el ejercicio del poder de dominio eminente sin una compensación razonable.

12.17. Derecho a la planificación familiar y a la asistencia pública gratuita para lograr los objetivos de la planificación familiar.

12.18. Derecho de soledad de la persona, familia o asociación; prohibición contra la vigilancia como un medio de control político.

Artículo 13. Principios directivos del Gobierno Mundial

El objetivo del Gobierno Mundial será el de asegurar ciertos otros derechos para todos los habitantes de la Federación de la Tierra, pero sin la garantía inmediata de logro universal. Estos derechos son definidos como Principios Directivos, y obligan al Gobierno Mundial a buscar todos los medios razonables para su realización y realización universal, y deberán ser los siguientes:

13.1. Oportunidad igual para el empleo útil para todos, con salarios o remuneraciones suficientes para asegurar la dignidad humana.

13.2. Libertad de selección de trabajo, ocupación, empleo o profesión.

13.3. Completo acceso a la información y al conocimiento acumulado de la raza humana.

13.4. Educación pública gratuita y adecuada para todos, hasta el nivel universitario; Oportunidades iguales para educación elemental y la más elevada a todas las personas que deseen educación más elevada; oportunidad igual para educación continua durante toda la vida para todas las personas; el derecho de cualquier persona o del padre de elegir a una institución educativa privada en cualquier momento.

13.5. Servicios de Salud Pública y Cuidados Médicos gratuitos y adecuados para todos durante toda la vida bajo las condiciones de la libertad de elección.

13.6. Oportunidad igual para tiempo de descanso para todos; mejor distribución de la carga del trabajo de tal forma que cada persona pueda tener oportunidades iguales para el descanso.

13.7. Oportunidad igual para todos de disfrutar los beneficios de los descubrimientos y desarrollo tecnológico y científico.

13.8. Protección a todos contra los riesgos y peligros de las innovaciones y desarrollos tecnológicos.

13.9. Protección del ambiente natural que es la herencia común de la humanidad, contra la contaminación, disturbios ecológicos o daños que podrán hacer peligrar la vida o reducir la calidad de la misma.

13.10. Conservación de aquellos recursos naturales de la Tierra que son limitados para que las generaciones presentes y futuras puedan continuar disfrutando la vida en el planeta Tierra.

13.11. Aseguramiento para todos de viviendas o habitación adecuadas, de alimentos adecuados y nutritivos, de agua adecuada y limpia, de aire puro con la protección de abastecimiento de oxígeno y el estrato (capa) de ozono, y en general de la continuación de un ambiente que pueda permitir la vida saludable para todos.

13.12. Asegurar a cada niño el derecho a la plena realización de su potencial.

13.13. Seguridad social para todos para aliviar los riesgos del desempleo, enfermedad, vejez, circunstancias familiares, incapacidad, catástrofes de la naturaleza, y cambio tecnológico, y permitir el retiro con un ingreso suficiente para vivir bajo condiciones de dignidad humana durante la vejez.

13.14. Eliminación rápida y prohibiciones contra los riesgos tecnológicos y disturbios del ambiente hechos por el hombre que sean peligrosos a la vida en la Tierra.

13.15. Realización de programas intensivos para descubrir, desarrollar e instituir alternativas seguras y sustituciones prácticas para tecnologías que deben ser eliminadas y prohibidas, debido a los riesgos y peligros que ocasionan a la vida.

13.16. Fomentar la diversidad cultural; fomentar la administración descentralizada.

13.17. Libertad para autonomía pacífica para minorías, refugiados y disidentes.

13.18. Libertad para cambiar de residencia a cualquier parte en la Tierra, limitado por las provisiones, para algunos de los santuarios temporales, en caso de acontecimientos que impliquen una gran cantidad de refugiados, de personas sin patria o de migraciones masivas.

13.19. Prohibición contra la pena de muerte.

Artículo 14.   Salvaguardas y reservaciones
Sección 14.1.   Ciertas salvaguardas

El Gobierno Mundial deberá operar para asegurar para todas las naciones y gentes dentro de la Federación de la Tierra las salvaguardas que a continuación son definidas:

14.1.1. Garantizar que se le dé crédito y fe plenos a los actos públicos, archivos, legislación y procedimientos judiciales de las naciones miembros dentro de la Federación de la Tierra, consistente con las diversas provisiones de esta Constitución Mundial.

14.1.2. Asegurar la libertad de selección dentro de las naciones miembros y países de la Federación de la Tierra para determinar sus sistemas políticos, económicos y sociales internos, consistentes con las garantías y protecciones dadas bajo esta Constitución Mundial para asegurar las libertades civiles y los derechos humanos y un ambiente seguro para la vida, y consistente con las diversas provisiones de esta Constitución Mundial.

14.1.3. Garantizar el derecho de individuos y grupos, después de que la Federación de la Tierra incluya 90 por ciento del territorio de la Tierra, de dejar pacíficamente la hegemonía de la Federación de la Tierra y de vivir en un territorio apropiado fuera de la Federación, y que no estará restringido ni protegido por el Gobierno Mundial, con la condición de que este territorio no se extienda más allá del cinco por ciento del territorio mundial habitable, sea mantenido completamente desarmado y no sea usado como una base para incitar a la violencia o insurrección dentro o contra la Federación de la Tierra o cualquier nación miembro, y sea mantenido libre de actos que puedan causar daño al ambiente o a la tecnología que afecten seriamente la Tierra fuera de ese territorio.

Sección 14.2.   Reservación de poderes

Los poderes no delegados al Gobierno Mundial por esta Constitución Mundial estarán reservados a las naciones miembros de la Federación de la Tierra y a la Gente de la Tierra.

Artículo 15.   Zonas federales mundiales y capitales mundiales

Sección 15.1.   Zonas federales mundiales

15.1.1. Serán establecidas veinte zonas Federales Mundiales dentro de las veinte Regiones Electorales y Administrativas Mundiales, con el propósito de ubicar los diversos organismos del Gobierno Mundial y de los departamentos administrativos, las cortes mundiales, las oficinas de los Fiscales Regionales Mundiales, las oficinas de los Abogados Mundiales, y para la ubicación de otras ramas, departamentos, institutos, oficinas, comisiones, agencias y partes del Gobierno Mundial.

15.1.2. Las Zonas Federales Mundiales se establecerán como se desarrollen y extiendan las necesidades y recursos del Gobierno Mundial. Las Zonas Federales Mundiales se establecerán primero dentro de cada una de las cinco Divisiones Continentales.

15.1.3. La localización y administración de las Zonas Federales Mundiales, incluyendo las primeras cinco, estará determinado por el Parlamento Mundial.

Sección 15.2.   Las capitales mundiales

15.2.1. Serán establecidas cinco Capitales Mundiales en las cinco Divisiones Continentales de la Tierra, y serán ubicadas en cada una de las cinco Zonas Federales Mundiales que serán establecidas primero como se indica en este Artículo 15 de esta Constitución Mundial.

15.2.2. Una de las Capitales Mundiales será designada por el Parlamento Mundial como la Capital Mundial Primaria, y las otras cuatro serán designadas Capitales Mundiales Secundarias.

15.2.3. Las bases primarias de todos los organismos del Gobierno Mundial estarán ubicadas en la Capital Mundial Primaria y las otras bases mayores de diversos organismos del Gobierno Mundial estarán localizadas en las Capitales Mundiales Secundarias.

Sección 15.3. Procedimientos de ubicación

15.3.1. Las opciones para la ubicación de las veinte Zonas Federales Mundiales y para las cinco Capitales Mundiales serán propuestas por el Presidium, y después serán decididas por el voto de la mayoría simple de las tres cámaras del Parlamento Mundial en sesión conjunta. El Presidium deberá ofrecer opciones de dos o tres ubicaciones en cada una de las veinte Regiones Electorales y Administrativas Mundiales para que una de ellas sea una Zona Federal Mundial, y deberá ofrecer dos opciones alternativas para cada una de las cinco Capitales Mundiales.

15.3.2. El Presidium, de acuerdo con el Gabinete Ejecutivo, propondrá seguidamente cuál de Capitales Mundiales será la Capital Mundial Primaria, y éste será decidido por el voto de la majoría simple de las tres cámaras del Parlamento Mundial en sesión conjunta.

15.3.3. Cada organismo del Gobierno Mundial decidirá cómo dividir y organizar mejor sus funciones y actividades entre las cinco Capitales Mundiales, y entre las veinte Zonas Federales Mundiales, sujeto a las direcciones específicas del Parlamento Mundial.

15.3.4. El Parlamento Mundial podrá decidir alternar sus sesiones entre las cinco Capitales Mundiales, y si es así, decidirá el procedimiento para la rotación.

15.3.5. Para las dos primeras etapas operativas del Gobierno Mundial, como se definen en el Artículo 17, y para el Gobierno Mundial Provisional, como se define en el Artículo 19, se podrá seleccionar una localización provisional para la Capital Mundial Primaria. Esta ubicación provisional no necesariamente tendrá que ser una localización permanente.

15.3.6. Cualquier Capital Mundial o Zona Federal Mundial podrá ser relocalizada o reubicada por una mayoría absoluta de dos tercios del voto de las tres cámaras del Parlamento Mundial en sesión conjunta.

15.3.7. Podrán designarse Zonas Federales Mundiales adicionales si se encuentra necesario mediante la proposición del Presidium y la aprobación de la mayoría absoluta de votos de las tres cámaras del Parlamento Mundial en sesión conjunta.

Artículo 16. Territorio mundial y relaciones exteriores

Sección 16.1. Territorio Mundial

16.1.1. Aquellas áreas de la Tierra y de, la Luna que no estén bajo la jurisdicción de naciones existentes al tiempo de formar la Federación de la Tierra, o que no estén razonablemente dentro de la incumbencia de la propiedad y administración nacionales, o que sean declaradas como Territorio Mundial subsecuente al establecimiento de la Federación de la Tierra, serán designadas como Territorio Mundial y pertenecerán a todas las gentes de la Tierra.

16.1.2. La administración del Territorio mundial estará determinada por el Parlamento Mundial e implementada por el Ejecutivo Mundial, y se aplicará a las siguientes áreas:

16.1.2.1. Todos los océanos y mares que tengan carácter internacional o supranacional, junto con los recursos de los mares, empezando después de veinte (20) kilómetros a lo largo de la costa, excluyendo los mares interiores de propiedad nacional tradicional.

16.1.2.2. Estrechos, canales y cauces vitales.

16.1.2.3. La atmósfera que envuelve a la Tierra, empezando a una altura de un kilómetro sobre la superficie general de tierra, excluyendo las depresiones en áreas de mucha variación en la elevación.

16.1.2.4. Satélites hechos por el hombre y la Luna.

16.1.2.5. Las Colonias que escojan el estado de Territorio Mundial; territorios no independientes bajo la administración de naciones por alguna nación; tierras o países independientes que escojan el estado de Territorio Mundial, y tierras disputadas que escojan el estado de Territorio Mundial.

16.1.3. Los residentes de cualquier Territorio Mundial, excepto de las Zonas Federales Mundiales, tendrán el derecho dentro de la razón de decidir mediante plebiscito convertirse en una nación autónoma dentro de la Federación de la Tierra, ya sea sola o en combinación con otros Territorios Mundiales, o de unirse a una nación existente dentro de la Federación de la Tierra.

Sección 16.2. Relaciones exteriores

16.2.1. El Gobierno Mundial mantendrá relaciones exteriores con aquellas naciones de la Tierra que no se han unido a la Federación de la Tierra. Las relaciones exteriores estarán bajo la administración del Presidium, y sujetas todo el tiempo a instrucciones específicas y a la aprobación del Parlamento Mundial.

16.2.2. Todos los tratados y acuerdos con naciones que permanezcan fuera de la Federación de la Tierra estarán negociadas por el Presidium y serán ratificadas por simple mayoría de votos de las tres Cámaras del Parlamento Mundial.

16.2.3. El Gobierno Mundial para la Federación de la Tierra establecerá y mantendrá relaciones pacíficas con otros planetas y cuerpos celestes donde y cuando sea posible establecer comunicación con los posibles habitantes de éstos.

16.2.4. Todas las exploraciones en el espacio exterior, dentro y fuera del sistema solar en el que el planeta Tierra se localiza, estarán bajo la dirección y control exclusivos del Gobierno Mundial, y será conducidas en la forma determinada por el Parlamento Mundial.

Artículo 17. Ratificación y realización

Sección 17.1. Ratificación de la Constitución Mundial

Esta Constitución Mundial será sometida a las naciones y a la gente de la Tierra para su ratificación mediante los siguientes procedimientos:

17.1.1. La Constitución Mundial será transmitida a la Asamblea General de la Organización de Naciones Unidas y a cada gobierno nacional de la Tierra, con la solicitud de que la Constitución Mundial sea sometida a la legislatura nacional de cada nación para ratificación preliminar y a la gente de cada nación para su ratificación final mediante referéndum popular.

17.1.2. La ratificación preliminar realizada por la legislatura nacional será completada por simple mayoría de votos de la legislatura nacional.

17.1.3. La ratificación final realizada por la gente será llevada a cabo mediante la simple mayoría de votos en un referéndum popular, con la condición de que un mínimo del veinticinco por ciento de votantes elegibles de más de dieciocho años tengan voto dentro de la nación o país o dentro de los Distritos Electorales y Administrativos Mundiales.

17.1.4. En el caso de una nación sin legislatura nacional, el jefe del gobierno nacional deberá dar la ratificación preliminar y después someter la Constitución Mundial a ratificación final mediante referéndum popular.

17.1.5. En el caso de que un gobierno nacional, después de seis meses, no haya sometido la Constitución Mundial a Ratificación, entonces la agencia que asume la responsabilidad de la campaña mundial de ratificación podrá proceder a conducir un referéndum directo para que la gente ratifique la Constitución Mundial. Los referéndums directos podrán ser organizados sobre la base de naciones o países completos, o sobre la base de comunidades definidas existentes dentro de las naciones.

17.1.6. En el caso de un referéndum directo de ratificación, la ratificación final será llevada a cabo por la mayoría de votos, ya sea de una nación entera o de un Distrito Electoral y Administrativo Mundial, a condición de que los votos sean de un mínimo del veinticinco por ciento de los votantes elegibles del área y que sean mayores de 18 años.

17.1.7. Para la ratificación por las comunidades existentes dentro de una nación, el procedimiento será el de solicitar a las comunidades locales, ciudades, condados, estados, provincias, cantones, prefecturas, jurisdicciones tribales, o cualquier unidad política definida dentro de una nación, ratificar la Constitución Mundial, y someterla al voto de los ciudadanos de la comunidad o unidad política. La ratificación será llevada a cabo procediendo de esta manera hasta que todos los votantes elegibles de más de 18 años dentro de una nación o Distrito Electoral y Administrativo Mundial hayan tenido la oportunidad de votar, a condición de que los votos sean hechos por un mínimo del veinticinco por ciento de aquellos elegibles para votar.

17.1.8. Antes de llegar a la Etapa Operativa Plena del Gobierno Mundial, como se define en la Sección 5 del Artículo 17, las universidades, colegios para adultos, institutos y academias científicas de cualquier país podrán ratificar la Constitución Mundial, así calificándose para su participación en el nombramiento de Miembros del Parlamento Mundial a la Cámara de los Consejeros.

17.1.9. En el caso de aquellas naciones que frecuentemente se ven envueltas en disputas internacionales serias o en donde enemistades tradicionales o disputas crónicas puedan existir entre dos naciones o más, será instituido un procedimiento para una ratificación concurrente paralela mediante el cual las naciones que son partes de una disputa o conflicto internacional crónico o serio podrán ratificar simultáneamente la Constitución Mundial. En tales casos estas dos naciones serán admitidas en la Federación de la Tierra simultáneamente, con la obligación de dar todas sus armas de destrucción masiva al Gobierno Mundial, y de encargar al Gobierno Mundial la solución obligatoria pacífica de su conflicto o disputa.

17.1.10. Cada nación o unidad política que ratifique esta Constitución Mundial, ya sea mediante la ratificación preliminar o la final, estará limitándose a no usar nunca las fuerzas armadas o armas de destrucción masiva contra ningún otro miembro o unidad de la Federación de la Tierra, sin importar qué tanto tiempo tomará el lograr el desarme completo de todas las naciones y unidades políticas que ratifiquen esta Constitución Mundial.

17.1.11. Cuando está ratificada, la Constitución para la Federación de la Tierra se convierte en la ley suprema de la Tierra. Por el acto de ratificar esta Constitución de la Tierra, cualquier disposición en la constitución o la legislación de cualesquiera países que están ratificando, que sea contraria a esta Constitución de la Tierra, se abroga o se enmienda para conformarse con la Constitución para la Federación de la Tierra, eficaz tan pronto como 25 países así la ratifiquen. La enmienda de las constituciones nacionales o del estado para permitir la entrada en la Federación Mundial no es necesaria antes de la ratificación de la *Constitución para la Federación de la Tierra*.

Sección 17.2. Etapas de realización

17.2.1. La realización de esta Constitución Mundial y el establecimiento del Gobierno Mundial de acuerdo a los términos de esta Constitución Mundial, podrán ser obtenidos en tres etapas, como sigue, además de la etapa de un Gobierno Mundial provisional como se define en el Artículo 19:

17.2.1.1. Primera Etapa Operativa del Gobierno Mundial.

17.2.1.2. Segunda Etapa Operativa del Gobierno Mundial.

17.2.1.3. Etapa Operativa Plena del Gobierno Mundial.

17.2.2. Al principio y durante cada etapa, el Parlamento Mundial y el Ejecutivo Mundial juntos establecerán los objetivos y desarrollarán los medios para la realización de la legislación dictada por el Parlamento Mundial.

Sección 17.3. Primera etapa operativa del Gobierno Mundial

17.3.1. La Primera Etapa Operativa del Gobierno Mundial bajo esta Constitución Mundial será implementada cuando la Constitución Mundial sea ratificada por un número suficiente de naciones y/o gentes para satisfacer una de las siguientes condiciones o equivalentes:

17.3.1.1. Ratificación preliminar o final por un mínimo de veinticinco naciones, cada una con una población de más de 100,000 habitantes.

17.3.1.2. Ratificación preliminar o final por un mínimo de diez naciones con un mínimo de 100,000 personas cada una, junto con la ratificación mediante referéndum directo dentro de un mínimo de cincuenta Distritos Electorales y Administrativos Mundiales adicionales.

17.3.1.3. Ratificación mediante referéndum directo dentro de un mínimo de cien Distritos Electorales y Administrativos Mundiales, aunque ninguna nación como tal haya ratificado.

17.3.2. La elección de los Miembros del Parlamento Mundial a la Cámara de las Gentes será conducida en todos los Distritos Electorales y Administrativos Mundiales donde se haya obtenido la ratificación mediante referéndum popular.

17.3.3. La elección de los Miembros del Parlamento Mundial a la Cámara de las Gentes podrá proceder concurrentemente con los referéndums populares directos, antes y después de que se haya llegado a la Primera Etapa Operativa del Gobierno Mundial.

17.3.4. El nombramiento o elección de los Miembros del Parlamento Mundial a la Cámara de las Naciones procederá en todas las naciones en donde se haya obtenido la ratificación preliminar.

17.3.5. Una cuarta parte de los Miembros del Parlamento Mundial a la Cámara de los Consejeros podrá ser elegida entre los nominados sometidos por las universidades y colegios que hayan ratificado la Constitución Mundial.

17.3.6. El Presidium Mundial y el Gabinete Ejecutivo serán elegidos de acuerdo a las provisiones del Artículo 6, excepto de que en ausencia de una

Cámara de Consejeros, las nominaciones serán hechas por los miembros de la Cámara de las Gentes y la Cámara de las Naciones en sesión conjunta. Hasta que éstas se constituyan, el Presidium y el Gabinete Ejecutivo del Gobierno Mundial Provisional continuarán funcionando, como se define en el Artículo 19.

17.3.7. Cuando ya esté compuesto el Presidium para la primera etapa operativa del Gobierno Mundial asignará o re-asignará puestos ministeriales entre los miembros del Presidium y del Gabinete, y establecerá inmediatamente o confirmará una Agencia de Desarme Mundial y una Organización para la Economía y Desarrollo Mundiales.

17.3.8. Aquellas naciones que ratifiquen esta Constitución Mundial y que por lo tanto se unan a la Federación de la Tierra, inmediatamente transferirán todas las armas de destrucción masiva como se definen y designan en la Agencia de Desarme a esa Agencia. (Ver Artículo 19, Secciones 1.2.4, 2.6 y 3.5). La Agencia de Desarme Mundial inmediatamente inmovilizará todas esas armas y procederá a desmantelarlas, convertirlas para uso pacífico, reciclará los materiales utilizadas en éstas o destruirlas. Durante la primera etapa operativa del Gobierno Mundial, las naciones ratificadoras podrán retener fuerzas armadas equipadas con armas diferentes a las armas de destrucción masiva como se definen y designan por la Agencia de Desarme Mundial.

17.3.9. Concurrentemente a la reducción o eliminación de tales armas de destrucción masiva y otros gastos militares, las naciones miembros de la Federación de la Tierra pagarán anualmente a la Tesorería del Gobierno Mundial cantidades iguales a la mitad de la cantidad ahorrada de sus respectivos presupuestos militares nacionales durante el último año antes de unirse a la Federación, y continuarán pagando estas cantidades hasta que sea alcanzada la etapa operativa plena del Gobierno Mundial. El Gobierno Mundial utilizará el 50 por ciento de los fondos recibidos para financiar el trabajo y los proyectos de la Organización Económica y de Desarrollo Mundial.

17.3.10. El Parlamento Mundial y el Ejecutivo Mundial continuarán desarrollando los organismos, departamentos, agencias y actividades originados bajo el Gobierno Mundial Provisional, con las enmiendas que sean necesarias; y procederán a establecer y a comenzar los siguientes organismos, departamentos y agencias del Gobierno Mundial, si no individualizadas, sí como parte de otros departamentos y agencias que se consideran deseables y factibles durante la primera etapa operativa del Gobierno Mundial.

17.3.10.1.   La Suprema Corte Mundial;

17.3.10.2.   El Sistema Coercitivo;

17.3.10.3.   Los Defensores Públicos Mundiales;

17.3.10.4.   La Administración Mundial de Servicio Civil;

17.3.10.5.   La Administración Financiera Mundial;

17.3.10.6.   La Agencia para Investigación y Planificación;

17.3.10.7.   La Agencia para Asesoría Tecnológica y Ambiental;

17.3.10.8. Una Administración de Emergencia para el Rescate de la Tierra, referida a todos los aspectos del problema del clima global y de factores relacionados;

17.3.10.9. Un sistema integrado de energía global, basado en fuentes ambientalmente seguras;

17.3.10.10. Un Sistema Universitario Mundial, bajo el Departamento de Educación;

17.3.10.11. Una Oficina de Corporaciones Mundiales, bajo el Departamento de Comercio e Industria;

17.3.10.12. El Cuerpo de Servicio Mundial;

17.3.10.13. Una Administración Mundial de Océanos y Mares.

17.3.11. Al comienzo de la primera etapa operativa, el Presidium, de acuerdo con el Gabinete Ejecutivo, formularán un programa para resolver los problemas más urgentes que afronte la humanidad.

17.3.12. El Parlamento Mundial procederá a trabajar para encontrar soluciones a los problemas mundiales. El Parlamento Mundial y el Ejecutivo Mundial trabajando juntos, instituirán a través de los diversos organismos, departamentos y agencias del Gobierno Mundial los medios que parezcan apropiados y factibles para lograr la realización y cumplimiento de la legislación mundial, la ley mundial y la Constitución Mundial; y en particular deberán tomar ciertas acciones decisivas para el bienestar de toda la gente de la Tierra, aplicables a través de todo el mundo, incluyendo pero no limitándose a lo siguiente:

17.3.12. 1. Despachar la organización y el trabajo de las administraciones del rescate de la Tierra de la emergencia referidas a todos los aspectos del cambio del clima y de las crisis del clima;

17.3.12. 2. Despachar el sistema financiero, creditício y monetario para responder a necesidades del ser humano;

17.3.12. 3. Despachar un sistema integrado de energía global, utilizando energía solar, energía del hidrógeno, y otras fuentes seguras y sostenibles de la energía:

17.3.12. 4. Fomentar un programa global para que la producción agrícola alcance su máximo bajo condiciones ecológicamente buenas;

17.3.12. 5. Establecer las condiciones para el libre comercio dentro de la Federación de la Tierra;

17.3.12. 6. Encontrar medios para implementar una moratoria (un paro) sobre los proyectos de energía nuclear hasta que todos los problemas sean resueltos en lo que concierne a la seguridad, depósito de desperdicios tóxicos y el peligro de la utilización o malversación de materiales para la producción de armas nucleares;

17.3.12. 7. Hacer ilegal y encontrar formas para terminar completamente con la producción de armas nucleares y todas las armas de destrucción masiva;

17.3.12. 8. Fomentar programas para asegurar la distribución de agua adecuada y no contaminada, y aire limpio para todos en la Tierra;

17.3.12. 9. Fomentar programas globales para conservar y reciclar los recursos de la Tierra;

17.3.12.10. Desarrollar un programa aceptable para controlar el crecimiento de la población, especialmente mediante la elevación de los niveles de vida.

Sección 17.4. Segunda etapa operativa del Gobierno Mundial

17.4.1. La Segunda Etapa Operativa del Gobierno Mundial será implementada cuando el cincuenta por ciento o más de las naciones de la Tierra hayan dado su ratificación preliminar o final a esta Constitución

Mundial, a condición de que el cincuenta por ciento de la población total de la Tierra esté inclusa dentro de las naciones ratificadores o dentro de las naciones ratificadores junto con Distritos Electorales y Administrativos Mundiales adicionales en los que la gente haya ratificado la Constitución Mundial mediante referéndum directo.

17.4.2. La elección y nombramiento de los Miembros del Parlamento Mundial a las diversas cámaras del Parlamento Mundial procederá de la misma manera como se especifica para la primera etapa operativa en la Sección 3.2, 3.3, 3.4, y 3.5 del Artículo 17.

17.4.3. Los períodos de labores para los Miembros del Parlamento Mundial electos o nombrados para la primera etapa operativa del Gobierno Mundial, se extenderá a la segunda etapa operativa al menos que ya hayan estado en sus cargos por períodos de cinco años, en cuyo caso serán arregladas nuevas elecciones o nombramientos. Los términos de los Miembros antiguos del Parlamento Mundial en la segunda etapa operativa serán ajustados para servir a la vez con los términos de aquellos que son elegidos al principio de la segunda etapa operativa.

17.4.4. El Presidium Mundial y el Gabinete Ejecutivo serán reconstituidos o reconfirmados, según se necesite, al principio de la segunda etapa operativa del Gobierno Mundial.

17.4.5. El Parlamento Mundial y el Ejecutivo Mundial continuarán desarrollando los organismos, agencias, departamentos y actividades que ya habían sido puestas en operación durante la primera etapa operativa del Gobierno Mundial, con las enmiendas que sean necesarias; y procederán a establecer y desarrollar todos los otros organismos y departamentos y agencias del Gobierno Mundial que sean factibles durante la segunda etapa operativa.

17.4.6. Todas las naciones que se unan a la Federación de la Tierra para componer la segunda etapa operativa del Gobierno Mundial, deberán transferir inmediatamente todas las armas de destrucción masiva y todas las otras armas y equipo militar a la Agencia de Desarme Mundial, la cual inmovilizará inmediatamente tales armas y equipos y procederá a desmantelarlos, convertirlos para usos pacíficos, reciclar los materiales de éstos, o destruir tales armas y equipos. Durante la segunda etapa operativa, todas las fuerzas armadas y la fuerza paramilitar de las naciones que se han unido a la Federación de la Tierra deberán estar completamente desarmadas y transformadas sobre una base voluntaria en elementos del Cuerpo de Servicio Mundial no militar.

17.4.7. Concurrentemente a la reducción o eliminación de tales armas, equipo y otros gastos militares que sea logrado en la segunda etapa operativa del Gobierno Mundial, las naciones miembros de la Federación de la Tierra deberán pagar anualmente a la Tesorería del Gobierno Mundial cantidades iguales a la mitad de la cantidad ahorrada de sus presupuestos militares nacionales durante el último año antes de unirse a la Federación, y deberán continuar pagando estas cantidades hasta que sea alcanzada la etapa operativa plena del Gobierno Mundial. El Gobierno Mundial usará el cincuenta por ciento de los fondos recibidos para financiar el trabajo y los proyectos de la Organización para el Desarrollo Económico Mundial.

17.4.8. En la formación del Gabinete Ejecutivo de la segunda etapa operativa, el Presidium extenderá una invitación a la Asamblea General de la Organización de Naciones Unidas y a cada una de las agencias especializadas de las Naciones Unidas, como también a otras agencias internacionales útiles, para transferir personal, facilidades, equipo, recursos y lealtad a la Federación de la Tierra y al Gobierno Mundial. Las agencias y funciones de la Organización de Naciones Unidas y de sus agencias especializadas y de otras agencias internacionales que hayan sido transferidas, serán reconstituidas según se necesite e integradas a los diversos organismos, departamentos, oficinas y agencias del Gobierno Mundial.

17.4.9. Cerca del comienzo de la segunda etapa operativa, el Presidium en consulta con el Gabinete Ejecutivo, formulará y fomentará un programa propuesto para resolver los problemas más urgentes que confronta la gente de la Tierra.

17.4.10. El Parlamento Mundial procederá con la legislación que se necesite para implementar un programa completo para resolver los problemas mundiales más urgentes.

17.4.11. El Parlamento Mundial y el Ejecutivo Mundial trabajando juntos deberán desarrollar a través de los diversos organismos, departamentos y agencias del Gobierno Mundial, los medios que sean apropiados y factibles para implementar la legislación para resolver los problemas mundiales; y en particular deberán tomar ciertas acciones decisivas para el bienestar de toda la gente de la Tierra, incluyendo pero no limitándose a lo siguiente:

17.4.11.1. Declarar que todos los océanos, mares y canales que tienen carácter supranacional (sin incluir a los mares interiores que pertenecen tradicionalmente a naciones particulares) de veinte kilómetros fuera de la costa, y todos los fondos de éstos, están bajo la propiedad de la Federación de la Tierra como la herencia común de la humanidad, y sujetos al control y dirección del Gobierno Mundial.

17.4.11.2. Declarar las capas polares y todas las áreas polares circundantes, incluyendo al continente de la Antártida, pero no a las áreas que son tradicionalmente parte de naciones particulares, ser territorio mundial, y propiedad de la Federación de la Tierra como la herencia común de la humanidad, y sujetos al control y dirección del Gobierno Mundial.

17.4.11. 3. Hacer ilegal la posesión, almacenamiento, venta y uso de todas las armas nucleares, todas las armas de destrucción masiva, y todas las otras armas y equipos militares.

17.4.11.4. Establecer un depósito de granos y un sistema de abastecimiento de alimentos para la gente de la Tierra.

17.4.11. 5. Desarrollar y llevar adelante como factible todas las acciones definidas bajo Sec. 3.10 y 3.12 de la primera etapa operativa.

Sección 17.5.   Etapa operativa plena del Gobierno Mundial

17.5.1. La etapa operativa plena del Gobierno Mundial será implementada cuando a esta Constitución Mundial le sea dada la ratificación preliminar o final al satisfacer una de las dos condiciones siguientes:

17.5.1. 1. Ratificación por el ochenta por ciento o más de las naciones de la Tierra y que comprendan al menos el noventa por ciento de la población;

17.5.1. 2. Ratificación que incluya el noventa por ciento de la población total mundial, ya sea dentro de naciones ratificadores o dentro de naciones ratificadores junto con Distritos Electorales y Administrativos Mundiales adicionales en donde se haya obtenido la ratificación mediante referéndum directo, como se indica en el Artículo 17, Sección 1.

17.5.2. Cuando la etapa operativa plena sea alcanzada, se implementarán las siguientes condiciones:

17.5.2. 1. Las elecciones para Miembros de la Cámara de las Gentes será conducida en todos los Distritos Electorales y Administrativos Mundiales en donde no haya habido elecciones; y los Miembros de la Cámara de las Naciones serán elegidos o nombrados por las legislaturas o gobiernos nacionales en todas las naciones donde éste no se haya obtenido todavía.

17.5.2. 2. Los períodos de labores para Miembros de la Cámara de las Naciones y de la Cámara de las Gentes que hayan servido durante la segunda etapa operativa, continuarán en la etapa operativa plena, excepto para aquéllos que ya hayan servido por cinco años, en cuyo caso se harán elecciones o nombramientos como se solicite.

17.5.2. 3. Los períodos de labores para todos los Miembros antiguos de la Cámara de las Gentes y de la Cámara de las Naciones que hayan servido por menos de cinco años se ajustarán para correr concurrentemente con aquellos Miembros del Parlamento Mundial cuyos términos están comenzando con la etapa operativa plena.

17.5.2. 4. Los segundos 100 Miembros de la Cámara de los Consejeros serán elegidos de acuerdo al procedimiento especificado en la Sección 5 del Artículo 5. Los períodos de labores para Miembros antiguos de la Cámara de los Consejeros deberán ser de cinco años más después del comienzo de la etapa operativa plena, mientras que aquéllos que empiezan sus períodos con la etapa operativa plena deberán servir por diez años.

17.5.2. 5. El Presidium y el Gabinete Ejecutivo serán reconstituidos de acuerdo a las provisiones del Artículo 6.

17.5.2. 6. Todos los organismos del Gobierno Mundial serán plenamente operativos, y deberán estar plenamente desarrollados para la efectiva administración y realización de la legislación mundial, la ley mundial y las provisiones de esta Constitución Mundial.

17.5.2. 7. Todas las naciones que no lo hayan hecho deberán transferir inmediatamente todos sus equipos y armas militares a la Agencia de Desarme Mundial, la cual inmovilizará inmediatamente tales armas y procederá a desmantelarlas, convertirlas para usos pacíficos, reciclar los materiales de éstas, o destruir tales armas y equipos.

17.5.2. 8. Todas las armadas y fuerzas militares de todo tipo deberán estar completamente desarmadas, y ser transformadas, disueltas o integradas sobre una base voluntaria al Cuerpo de Servicio Mundial no militar.

17.5.2. 9. Todas las agencias viables de la Organización de Naciones Unidas y otras agencias internacionales viables establecidas entre los gobiernos nacionales, junto con su personal, facilidades y recursos, deberán ser transferidas al Gobierno Mundial y reconstituidas e integradas como sea útil a los organismos, departamentos, oficinas, institutos, comisiones, y agencias del Gobierno Mundial.

17.5.2. 10. El Parlamento Mundial y el Ejecutivo Mundial continuarán desarrollando las actividades y proyectos que ya habían sido puestos en marcha durante la segunda etapa operativa del Gobierno Mundial, con las enmiendas que sea necesario; y procederán con un programa completo a gran escala para resolver los problemas mundiales y para servir al bienestar de toda la gente de la Tierra, de acuerdo a las provisiones de esta Constitución Mundial.

Sección 17.6: Costes de la ratificación

El trabajo y los costes de ciudadanos privados de la Tierra para el logro de una *Constitución para la Federación de la Tierra* ratificada, se reconocen como costes legítimos para el establecimiento del gobierno constitucional del mundo por el cual las generaciones presentes y futuras beneficiarán, y serán compensados al doble de la cantidad original por la Administración Financiera Mundial del Gobierno Mundial cuando llegue a ser operacional después de que 25 países hayan ratificado esta *Constitución para la Federación de la Tierra*. El reembolso incluye específicamente contribuciones al World Government Funding Corporation y otros costes y costos reconocidos por los estándares y los procedimientos que se establecerán por la Administración Financiera Mundial.

Artículo 18. Enmiendas

18.1. Una vez que la primera etapa operativa del Gobierno Mundial haya sido completada, las enmiendas a esta Constitución Mundial podrán ser propuestas para su consideración mediante las dos formas siguientes:

18.1. 1. Mediante la simple mayoría de votos de cualquier Cámara del Parlamento Mundial.

18.1. 2. Mediante peticiones firmadas por un total de 200.000 personas elegibles para votar en elecciones mundiales de entre un total de al menos veinte Distritos Electorales y Administrativos Mundiales donde la Constitución Mundial haya recibido ratificación final.

18.2. La aprobación de cualquier enmienda propuesta por una Cámara del Parlamento Mundial requerirá el voto mayoritario de las dos terceras partes de cada una de las tres cámaras del Parlamento Mundial votando separadamente.

18.3. Cualquier enmienda propuesta por petición popular requerirá primeramente de la simple mayoría de votos de la Cámara de las Gentes, la cual estará obligada a votar sobre la enmienda propuesta. La aprobación de esta enmienda requerirá entonces del voto mayoritario absoluto de las dos terceras partes de cada una de las tres cámaras del Parlamento Mundial votando separadamente.

18.4. Periódicamente, pero a más tardar diez años después de que se haya convenido por primera vez el Parlamento Mundial por la Primera Etapa Operativa del Gobierno Mundial, y cada veinte años después de eso, los Miembros del Parlamento Mundial deberán juntarse en una sesión especial que comprende una Convención Constitucional para conducir una revisión de esta Constitución Mundial para considerar y proponer enmiendas posibles, las que entonces requerirán del tratamiento especificado en la cláusula 2 del Artículo 18 para su aprobación.

18.5. Si la primera etapa operativa del gobierno del mundo no se alcanza por el año 1995, después el Parlamento Mundial Provisional, en la manera prevista bajo Artículo 19, puede convocar otra sesión de la Asamblea Consituyente Mundial para revisar la Constitución para la Federación de la Tierra y considerar enmiendas posibles, según el procedimiento establecido por el Parlamento Mundial Provisional.

18.6. Excepto por el seguimiento de los procedimientos de enmienda especificados en esta sección, ninguna parte de esta Constitución Mundial podrá ser olvidada, suspendida o destruida, ya sea por emergencias o caprichos o conveniencia.

Artículo 19. Gobierno Mundial Provisional

Sección 19.1. Acciones que deben ser tomadas por la Asamblea Constituyente Mundial

Con la adopción de esta Constitución Mundial por la Asamblea Constituyente Mundial, la Asamblea y la agencia o agencias que designe deberán hacer lo siguiente, sin limitarse a éste:

19.1.1. Extender un llamado a todas las naciones, comunidades y gentes de la Tierra para ratificar esta Constitución Mundial para el Gobierno Mundial.

19.1.2. Establecer las siguientes comisiones preparatorias:

19.1..2.1. Comisión de Ratificación

19.1.2. 2. Comisión de Elecciones Mundiales

19.1.2. 3. Comisión de Desarrollo Mundial

19.1.2. 4. Comisión de Desarme Mundial

19.1.2. 5. Comisión de Problemas Mundiales

19.1.2. 6. Comisión de Nominaciones

19.1.2. 7. Comisión de Finanzas

19.1.2. 8. Comisión de Búsqueda de Paz y Educación

19.1.2. 9. Comisiones especiales en cada uno de los diversos problemas más urgentes del mundo.

19.1.2. 10. Otras comisiones que sean deseables para proceder con el Gobierno Mundial Provisional.

19.1.3. Convocar sesiones de un Parlamento Mundial Provisional cuando es factible bajo las condiciones siguientes:

19.1.3. 1. Buscar el compromiso de 500 o más delegados para asistir, representando a gente de 20 países y de cinco continentes, y teniendo credenciales definida por Artículo 19, sección 3;

19.1.3. 2. Que los fondos mínimos para organizar las sesiones del Parlamento Mundial Provisional estén ya otorgados o apalabrados en firme.

19.1.3. 3. Las localizaciones apropiadas se confirman por lo menos nueve meses por adelantado, a menos que las condiciones de la emergencia requieran una comunicación previa más corta.

Sección 19.2.   Trabajo de las Comisiones Preparatorias

19.2.1. La Comisión de Ratificación deberá llevar a cabo una campaña mundial para la ratificación de la Constitución Mundial, tanto para obtener la ratificación provisional por los gobiernos nacionales, incluyendo las legislaturas nacionales, como para obtener la ratificación final por la gente, incluyendo a las comunidades. La comisión de ratificación continuará su trabajo hasta que sea alcanzada la etapa operativa plena del Gobierno Mundial.

19.2.2. La comisión de Elecciones Mundial preparará un mapa global provisional de los Distritos Electorales y Administrativos Mundiales y de las Regiones Electorales y Administrativas que podrá ser revisado durante la primera o segunda etapas operativas del Gobierno Mundial; y procederá y preparará los planes para obtener la elección de los Miembros del Parlamento a la Cámara de las Gentes y a la Cámara de los Consejeros. La Comisión de Elecciones Mundiales será transformada a su debido tiempo en la Administración Mundial de Límites y Elecciones.

19.2.3. Después de seis meses, en aquellos países en los que los gobiernos nacionales no hayan respondido favorablemente al llamado de ratificación, la Comisión de Ratificación y la Comisión de Elecciones Mundiales procederán conjuntamente a obtener la ratificación de la Constitución Mundial mediante referéndum popular y la elección de los Miembros del Parlamento Mundial.

19.2.4. La Comisión de Ratificación podrá también someter la Constitución Mundial para su ratificación por las universidades y colegios de todo el mundo.

19.2.5. La Comisión de Desarrollo Mundial preparará planes para la creación de una Organización de Desarrollo Económico Mundial que sirva a todas las naciones y gentes que hayan ratificado la Constitución Mundial, y en particular a los países menos desarrollados. Esta Comisión empezará a funcionar cuando sea establecido el Gobierno Mundial Provisional.

19.2.6. La Comisión de Desarme Mundial preparará planes para la organización de una Agencia de Desarme Mundial, que empezará a funcionar cuando sea establecido el Gobierno Mundial Provisional.

19.2.7. La Comisión de Problemas Mundiales preparará una agenda de problemas mundiales urgentes, con documentación, para su posible acción por el Parlamento Mundial Provisional y el Gobierno Mundial Provisional.

19.2.8. La Comisión de Nominaciones preparará, anteriormente a la convención del Parlamento Mundial Provisional, una lista de nominados que compondrán el Presidium y el Gabinete Ejecutivo para el Gobierno Mundial Provisional.

19.2.9. La Comisión de Finanzas trabajará en los medios y formas para financiar el Gobierno Mundial Provisional.

19.2.10. Las diversas comisiones sobre problemas mundiales particulares deberán trabajar en la preparación de una legislación y acción mundial sobre cada problema, y la presentarán al Parlamento Mundial Provisional cuando así se convenga.

Sección 19.3. Composición del Parlamento Mundial Provisional

19.3.1. El Parlamento Mundial Provisional estará compuesto de los siguientes miembros:

19.3.1. 1. Todos aquellos que fueron acreditados como delegados a las sesiones de la Asamblea Constituyente Mundial de 1977 y 1991, así como a cualquier sesión anterior del Parlamento Mundial Provisional, quiénes deben reconfirmar su apoyo a la Constitución para la Federación de la Tierra, según es enmendada.

19.3.1. 2. Personas que obtienen el número requerido de firmas en peticiones de elección, o que son señaladas por las organizaciones no gubernamentales que adoptan las resoluciones aprobadas para este propósito, o que se acreditan de otra manera según los términos especificados en las llamadas que estén publicadas para convocar sesiones determinadas del Parlamento Provisional del mundo.

19.3.1. 3. Los miembros del Parlamento Mundial a la Cámara de las Gentes que hayan sido elegidos de entre los Distritos Electorales y Administrativos Mundiales hasta la época en que el Parlamento Mundial Provisional haga su convención. Los miembros del Parlamento Mundial electos a la Cámara de las Gentes podrán ser añadidos al Parlamento Mundial Provisional hasta que sea alcanzada la primera etapa operativa del Gobierno Mundial.

19.3.1. 4. Los Miembros del Parlamento Mundial a la Cámara de las Naciones que son elegidos por las legislaturas nacionales o nombrados por los gobiernos nacionales hasta el tiempo de la convención del Parlamento Mundial Provisional. Los Miembros del Parlamento Mundial a la Cámara

La Constitución

de las Naciones podrán continuar siendo añadidos al Parlamento Mundial Provisional hasta que sea alcanzada la primera etapa operativa del Gobierno Mundial.

19.3.1. 5. Aquellas universidades y colegios que hayan ratificado la Constitución Mundial podrán nominar personas para que sirvan como Miembros del Parlamento Mundial a la Cámara de los Consejeros. La Cámara de las Gentes y la Cámara de las Naciones podrán elegir de entre estos nominados hasta cincuenta Miembros del Parlamento Mundial para que sirvan en la Cámara de los Consejeros del Gobierno Mundial Provisional

19.3.2. Los Miembros del Parlamento Mundial Provisional en las categorías (19.3.1.1) y (19.3.1.2) como se definen anteriormente, servirán solamente hasta que sea declarada la Primera Etapa Operativa del Gobierno Mundial, pero podrán ser elegidos para continuar como Miembros del Parlamento Mundial durante la Primera Etapa Operativa.

Sección 19.4. Formación del Ejecutivo Mundial Provisional

19.4.1. Tan pronto como el Parlamento Mundial Provisional se convoque una próxima vez, elegirá un Presidium nuevo para el Parlamento Mundial Provisional y un Gobierno Mundial Provisional de entre los candidatos sometidos por la Comisión de Nominaciones.

19.4.2. Los miembros del Presidium Mundial Provisional servirán términos de tres años, y pueden ser reelegidos por el Parlamento Mundial Provisional, pero en cualquier caso servirá solamente hasta que el Presidium es elejido bajo la Primera Etapa Operativa del Gobierno Mundial.

19.4.3. El Presidium podrá hacer nominaciones adicionales para el Gabinete Ejecutivo.

19.4.4. El Parlamento Mundial Provisional elegirá seguidamente los miembros del Gabinete Ejecutivo.

19.4.5. El Presidium seguidamente asignará puestos ministeriales entre los miembros del Gabinete Ejecutivo y del Presidium.

19.4.6. Cuando los pasos (1) a (4) de la Sección 19.4 sean completados, el Gobierno Mundial Provisional será declarado en operación para servir al bienestar de la humanidad.

Sección 19.5. Primeras acciones del Gobierno Mundial Provisional

19.5.1. El Presidium, junto con el Gabinete Ejecutivo, las comisiones sobre problemas particulares mundiales y el Parlamento Mundial, definirán un programa para la acción sobre los problemas mundiales urgentes.

19.5.2. El Parlamento Mundial Provisional empezará a trabajar sobre la agenda de problemas mundiales, y tomará las acciones que considere apropiadas y factibles de acuerdo con las provisiones de esta Constitución Mundial.

19.5.3. Se solicitará la realización de la legislación dictada por el Parlamento Mundial Provisional y se cumplirá sobre una base voluntaria, mientras que la fuerza del Gobierno Mundial Provisional está siendo incrementada por la ratificación progresiva de la Constitución Mundial.

19.5.4. Mientras que se esté considerando apropiado y factible, el Parlamento Mundial Provisional y el Ejecutivo Mundial Provisional podrán tomar algunas de las acciones especificadas en la Sección 3.12 del Artículo 17 para la primera etapa operativa del Gobierno Mundial.

19.5.5. La Organización de Desarrollo Económico Mundial y la Agencia de Desarme Mundial serán establecidas, para acciones correlacionadas.

19.5.6. El Parlamento Mundial y el Gabinete Ejecutivo del Gobierno Mundial Provisional procederán con la organización de otros organismos y agencias del Gobierno Mundial sobre una base provisional, mientras se considere deseable y factible, en particular con aquellos especificados en la Sección 3.10 del Artículo 17.

19.5.7. Las diversas comisiones preparatorias sobre problemas mundiales urgentes podrán ser reconstituidas como Departamentos Administrativos del Gobierno Mundial Provisional.

19.5.8. En todos sus trabajos y actividades, el Gobierno Mundial Provisional funcionará conforme a las provisiones de esta Constitución para la Federación de la Tierra.

*   *   *   *   *

Signatarios originales

N ota Sumaria: Esta *Constitución para la Federación de la Tierra* es la cuarta versión. Un total de 59 enmiendas fueron adoptadas por las Cuartas Sesiones Plenarias de la Asamblea Constituyente Mondial, que se reunieron en Troia, Portugal, en mayo de 1991.

Actualmente, la Constitución Enmendada se ratifica por figuras conocidas por todo el mundo mientras se desarrolle la campaña para la ratificación por el pueblo y los gobiernos del mundo.

La segunda versión fue adoptada por las Segundas Sesiones Plenarias de la Asamblea Constituyente Mundial en Innsbruck, Austria, en el 23 de junio de 1977 y el 25 de junio de 1977, con una ceremonia en el 27 de junio de 1977, en la tarde, cuando la Constitución fue firmada por 135 participantes aproximadamente de veinticinco países.

Participantes de la Asamblea Constituyente Mundial, que se reunió desde

el 16 al 29 de junio de 1977, firmaron la redacción de la

CONSTITUCION PARA LA FEDERACION DE LA TIERRA

Signatarios originales a la Constitución de la Tierra:

Participants in the World Constituent Assembly, 16 to 29 of June, 1977, have affixed their
signatures to the draft of the CONSTITUTION FOR THE FEDERATION OF EARTH herewith:

[signatures]

India

MEXICO

EARTH, USA

Lucile W. Green — Earth, USA

Hon. Legal Advisor

Canada

T.P. Amerasinghe — Sri Lanka.

Benin

Archie Casely Hayford — Ghana.

K. Koma — Botswana

Helen Tucker (Canada) Women's Universal Movement

E—l o. Peter — Fed. Rep. of Germany

Thane Read — U.S.A.

Spencer — India.

Rachoominuk A. Aming — Thailand.

Rose J. Chavez, — Australia.

Germany

Netherlands

JAPAN

Name	Country
ANDREA von SCHNOY	GERMANY
Edith Farvich	Germany
Gisela Gretzel	Germany
Klaus Thakur-Schlichtmann	Germany
Ann Mische	World, U.S.A
Gerald Mische	U.S.A.
Dr. Ludwig C. Wang	W-Germany
Dr. Fred Karl Scheele	U.S.A.
Max Jaeger	Germany
Olga Jaeger	Germany
Beatrice Meyers	U.S.A.
Elisabeth Klausbauer	INNSBRUCK
Theo Fenchel	Switzerland
Dr Helen K Billings	U.S.A
Magister Kirsti Balthasar.	Finland live in México.
Robert Rosamond	United Peoples Federation of Earth
Valerie Haggenhuber	Austria
Herbert Gröder	[illegible]
[illegible]	"

Name	Country
Louis R. Gamberg	U. S A
P. C. Malhotra	India
Hildegard Heuer	Schweiz
PURAN SINGH AZAD.	(I NDIA)
Dr miss. Geeta Shah	INDIA.
maria Treli	Schweiz
Karl Kreutz	*Innsbruck*
Bonnie Allen	U. S. A
Rustom M. Bharucha	India.
Allen Bryant	USA
Jeanne C. Burrows	UniA. World
Leo J. Murray sa (Pax Christi USA)	
Simon R Ladi	Botswana
Mrs. Renée Dangoor	United Kingdom
MR. J. Lelaka	Botswana
Bessie Coleman	
Ronald Lechner	Australia / Australie
Thomas Gaths	AUSTRIA

Name	Country
Dr. Hildegard Durjee	U.S.A.
Hera Lynne Allen	
Samar Basu	India.
Robert W. Kaminski	Earth USA, Wilm Del
John Thys	Holland
Yogi Shantiswaroop.	India - for one world
Carmel Kassman	U.S.A.
Mortimer Lifally	U.S.A.
Hermann Ways	Austria
Kim Heraide	Canada
Ana Marin	P.R.
Naim Dangoor	U.K.
	& Coon (Sri Lanka)
	Bongalore - India
Bernadette F. Trattner.	
Craig Orr White, Ph.D.	Ohio. U.S.A.
Everett Refen	Wisc. U.S.A.
Mildred P. Parmelee.	U.S.A.
Dr (Mrs) Kamoo Patel	Pondichery (India)
Margaret Gadga	United Kingdom.

Signatarios Originales

Name	Country
Bandula Sri Gunawardhana	Sri Lanka
Margaret Isely	U. S. A.
Mattenberge Elisabeth	Austria
[signature]	PUERTO RICO
Gregory Alexander	U.S.A.
Edward R. Leader	Puerto Rico
[signature]	India
Dorothy J. Mann Baker	U. S. A.
Carl F. Cattain	Earth !
worsenhauesenerig	Denmark
Heather Isely	U. S. A.
Foster Papmelee	U. S. A.
Ogolha Justus	Kenya
H.A. Haeusing	W. Germany
Kemper Isely	U.S.A.
Bernard Bhai Masi	Nigeria
Mitsuo Miyake	JAPAN
Johanna Mitchell	Netherlands
[signature]	Botswana

Signatarios Originales

Name   Address

Eggert, Charlotte Luise   Deutschland

Josephine Rahim   Nig. C. WPAC

Martha Sillebrun   USA

Peternolli Kurt   Innsbruck Austria

Suzanne Gomberg   San Francisco USA

+ Holzapfel Heiner   Innsbruck

Holzapfel Amalie   Innsbruck

Veera C Herold   Mexico "Unity"

Havel Ingeborg   Germany

Schneiding, Hans-Friedrich   Germany

Wery, Ludwig   Germany

B. Molcar   World Life for

Leland P. Stewart   Los Angeles

John Stockwell   San Francisco

Guido Graziani   Rome, Italy

Dorothea Sarkam   Hannover, WOMAN

Name   Country

Guigi Loxup   Holla

William City   Gren

Raphine Rani   U.S.A.

Carmel Painter   U S A

Jaut Suf   USA

Stephen Sipho Mngube   statelew.

(signatures)   Pakistan

Bruno Meo   Italy México.

Por el mundo espiritual
Ceron Guen Dr Jose M. Ortes

Pr la union en l'Arte en la pintu (Mejico)
  Sa. Elisa Green

Rev. GAGPA Maria Carlota Ade Estrada (Meino)
"Por el mundo Espiritual"
Rev. GagPa *Contreras Duban*   (Sipino)
"Por el mundo Espiritual"
W. Rep totals Adolfo Olivera   (mexico)

137

Signatarios Originales

Name	Country
Tiakoga Auge	Mexico
Jufami Glollwiger	Austria
(signature)	Austria
Herbert J...	Deutschland (BRD)
Siddharth I. Patel	Kenya.
Kalaben Patel.	India
Umesh A Patel	Great Britain.
Kumud I. Patel	Great Britain.
Ahmed Subanjo J.	Indonesia
A. Setyobudiarti	Indonesia
Sybil Stieht	New Zealand + USA
Alice Stephens	England.
Elizabeth E. Stewart	United States
(signature)	Unknown Bangladesh
HARSHAJAN SINGH Khalsa Yogiji	USA
Sikh Dharma Western Hemisphere	

Note: This list of initial signers of the CONSTITUTION FOR THE FEDERATION OF EARTH would include several hundred more persons from fifty countries, prevented only by the cost of travel to attend the Assembly at Innsbruck, Austria.

PERSONAL RATIFIERS OF THE CONSTITUTION FOR THE FEDERATION OF EARTH
AS AMENDED AT THE 4th SESSION OF THE WORLD CONSTITUENT ASSEMBLY
HELD AT TROIA, PORTUGAL, 29th APRIL, to 9th MAY, 1991

Prof. Dr. Kalman Abraham, Hungary

Atiku Abubakar, Nigeria

Dr. Ebenezer Ade. Adenekan, Nigeria

Malcolm S. Adiseshiah, India

Abdur Rahim Ahamed, Bangladesh

Shahzada Kabir Ahmed

Mohsin A. Alaini, Yemen

MD. Nural Alam, U.S.A.

MD. Maser Ali, Bangladesh

Dr. Terence P. Amerasinghe, Sri Lanka

Samir Amin, Senegal

Benjamin K. Amonoo, Ghana

George Anca, Romania

Mauricio Andres-Ribeiro, Brazil

Dr. Munawar A. Anees, U.S.A.

Rev. Ebenezer Annan, Ivory Coast

Jose Ayala-Lasso, Ecuador

Ir. Hasan Basri, Indonesia

Samar Basu, India

Tony Benn, United Kingdom

139

PERSONAL RATIFIERS - page 2

Prof. Mrs. Edvige Bestazzi, Italy

Petter Jakob Bjerve, Norway

Goran von Bonsdorff, Finland

Selma Brackman, U.S.A.

Jean-Marie Breton, Int. Regis. World Citizens

Tomas Bruckman, Germany (East)

Dennis Brutus, South Africa (U.S.A.)

Dr. Mihai Titus Carapancea, Romania

Prof. Henri Cartan, France

Amb. Khub Chand, India

Dr. Sripati Chandrasekhar, India

Most Rev. French Chang-Him, Seychelles

Munyaradzi Chiwashira, Zimbabwe

Dr. Pratap Chandra Chunder, India

Prof. Dr. Rodney Daniel, France

Daniel G. De Culla, Spain

Dr. Dimitrios J. Delivanis, Greece

Prof. Dr. Francis Dessart, Belgium

Raymond F. Douw, Germany

Prof. Hans-Peter Duerr, Germany

Kennedy Emekan, Nigeria

M. Necati Munir Ertekun, Cyprus

Douglas Nixon Everingham, Australia

John R. Ewbank, U.S.A.

140

PERSONAL RATIFIERS - page 3

Marjorie Ewbank, U.S.A.

Miss Lianmangi Fanai, India

Dr. Mark Farber, U.S.A.

Feng Ping-Chung, China

Prof. Dr. Mihnea Georghiu, Romania

Lucile W. Green, U.S.A.

Dr. Dauji Gupta, India

Kisholoy Gupta, India

Takeshi Haruki, Japan

Dr. Gerhard Herzberg, Canada

Jozsef Holp, Hungary

A. K. Fazlul Hogue, Bangladesh

Chowdhury Anwar Husain, Bangladesh

Margaret Isely, U.S.A. (Earth)

Philip Isely, U.S.A. (Earth)

Ram K. Jiwanmitra, Nepal

Roy E. Johnstone, Jamaica

Mohammed Kamaluddin, Bangladesh

Mohammad Rezaul Karim, Bangladesh

Rev. George Karunakeran, India

Dr. Inamullah Khan, Pakistan

Johnson S. Khan, Pakistan

Roger Kotila, Ph.D., U.S.A.

Signatarios Originales

PERSONAL RATIFIERS - page 4

David M. Krieger, U.S.A.

Diemuth Kuebart, Germany

Jul Lag, Norway

Ben M. Leito, Netherlands Antilles

Thomas Lim, East Malaysia

Adam Lopatka, Poland

Anwarul Majid, Bangladesh

Dr. M. Sadiq Malik, Pakistan

Guy Marchand, France

Alvin M. Marks, U.S.A.

Bernardshaw Mazi, Nigeria

Dr. Zhores A. Medvedev, U. K. (USSR)

Anna Medvegey, Hungary

R. C. Mehrotra, India

Charles Mercieca, U.S.A.

Lt. Col. Pedro B. Merida, Philippines

Yerucham Meshel, Israel

Sheta Mikayele, Zaire

142

Mohamed Ezzedine Mili, Switzerland

Rev. Toshio Miyake, Japan

Shettima Ali Monguno, Nigeria

Swapan Mukherjee, India

Hanna Newcombe, Canada

Brij P. Nigam, India

Josephine Okafor, Nigeria

Johnson Olatunde, Sierre Leone

Rev. Nelson Onono-Onweng, Uganda

Umit Ozturk, Turkey

Yasar Ozturk, Turkey

Linus Pauling, U.S.A.

Fernando Perez Tella, Spain

Emil Otto Peter, Austria

Dr. Alex Quaison-Sackey, Ghana

Soili Raikkonen, Finland

Sudhir Kumar Raogh, India

Thane Read, U.S.A.

Dr. Sayed Qassem Resntia, Switzerland

Erzebet Rethy, Hungary

Miguel B. Ricardo, Portugal

G. Rivas Mijares, Venezuela

Reinhart Ruge, Mexico

PERSONAL RATIFIERS - page 6

Prof. Sir A. M. Sadek, South Africa

Abdus Salam, Italy

Akbar Ali Saleh, Comoros Islands

Blagovest Sendov, Bulgaria

Indira Shrestha, Nepal

Rabi Charan Shrestha, Nepal

Jon Silkin, United Kingdom

Jozef Simuth, Slovak Republic

Dr. Kewal Singh, India

Blaine Sloan, U.S.A.

Ross Smyth, Canada

Lord Donald Soper, United Kingdom

Scott Jefferson Starquester, U.S.A.

Homi J. H. Taleyarkhan, India

Rev. Yoshiaki Toeda, Japan

Dr. Duja K. Torki, Tunisia

Helen Tucker, Canada

Evelyn Utulu, Nigeria

Mrs. Justina N. Uwechue, Nigeria

Ogieva O. Uwuigbe, Nigeria

Ann Valentin, U.S.A.

Signatarios Originales

PERSONAL RATIFIERS - page 7

T. Nejat Veziroglu, U.S.A.

Jorgen Laursen Vig, Denmark

George Wald, U.S.A.

Prof. D. A. Walker, United Kingdom

Richard W. Wilbur, U.S.A.

Dr. Sylwester Zawadzki, Poland

Additional Original Ratifiers:

Kenneth B. Clark, U.S.A.

David Daube, U.S.A.

Nzo Ekangaki, Cameroon

ADDITIONAL PERSONAL RATIFIERS -- Signatures on file at the World Office of the W.C.P.A.

PROF. CHIEF J. O. AGBOYE, Nigeria

DR. FRANCIS ALEXIS, Grenada

SIR ABDUL W. M. AMEER, Sri Lanka

HANAN AWWAD, Palestine

HON. LUKASZ BALCER, Poland

CHIEF DR. KOLAWOLE BALOGUN, Nigeria

DR. SABURI O. BIOBAKU, Nigeria

DR. JUR. JAN CARNOGURSKY, Slovakia

DR. GOUIN CEDIEU, Cote D'Ivoire

AMARSINH CHAUDHARY, India

MDM. JUSTICE L. P. CHIBESAKUNDA, Zambia

ASHIS KUMAR DE, India

DR. MOSTAFA EL DESOUKY, Kuwait

DR. ROLF EDBERG, Sweden

DR. BENJAMIN B. FERENCZ, U.S.A.

PROF. VITALII I. GOLDANSKII, Russia

PROF. DR. ZBIGNIEW GERTYCH, Poland

PROF. ERROL E. HARRIS, U.S.A./U.K.

LIC. JUAN HORACIO S., Argentina

SIR DR. AKANU IBIAM, Nigeria

49.

145

Signatarios Originales

ADDITIONAL PERSONAL RATIFIERS --

K. JEEVAGATHAS, Sri Lanka

R. B. JUNOO, India

DR. JAN KLEINERT, Slovakia

DR. YURI A. KOSYGIN, Russia

ADV. RANJAN LAKHANPAL, India

ADV. AQIL LODHI, Pakistan

DR. NIKOLAI A. LOGATCHEV, Russia

MOCHTAR LUBIS, Indonesia

PERRY MAISON, Ghana

KAPASA MAKASA, Zambia

DR. IGNACY MALECKI, Poland

PROF. IVAN MALEK, Czechoslovakia

DR. MRS. ALLA G. MASSEVITCH, Russia

MHLAGANO S. MATSEBULA, Switzerland

DR. MIHAJLO MIHAJLOV, Yugoslavia

HON. RAM NIWAS MIRDHA, India

DR. ROBERT MULLER, Costa Rica

JUSTICE M. A. MUTTALIB, Bangladesh

DR. SITEKE G. MWALE, Zambia

DR. RASHMI MAYUR, India

DR. JAYANT V. NARLIKAR, India

PAUL NKADI, Nigeria

OSMAN N. OREK, Turkish Rep. N. Cyprus

PROF. LENARD PAL, Poland

PROF. JEAN-CLAUDE PECKER, France

PROF. GAMINI L. PEIRIS, Sri Lanka

GERARD PIEL, U.S.A.

REV. DANIEL O. PEPRAH, Cote D'Ivoire

PROF. M. S. RAJAN, India

PROF. C. N. R. RAO, India

SRI N. S. RAO, India

MICHAL RUSINEK, Poland

DR. FREDERICK SANGER, U.K.

SIR AINSWORTH D. SCOTT, Jamaica

DAVID SHAHAR, Israel

TOMA SIK, Israel

CHANDAN SOM, India

HON. ROBERT D. G. STANBURY, Canada

DR. BOGDAN SUCHODOLSKI, Poland

ABDUL HATHY SULAIMAN, Sri Lanka

DR. SOL TAX, U.S.A.

MILLICENT OBENEWAA TERRY, Ghana

DR. WALTER E. THIRRING, Austria

MOST REV. DESMOND M. TUTU, South Africa

KENJI URATA, Japan

DR. PIETER VAN DIJK, Netherlands

CARLOS WARTER, M.D., U.S.A.

ROD WELFORD, M.L.A., Australia

146

Obras Consultadas

Ahmed, Nafeez Mosaddeq (2002). *The War On Freedom: How and Why America was Attacked, September 11, 2001.* Joshua Tree: California: Tree of Life Publications.

Almand, Eugenia and Martin, Glen T. (2009) *Emerging World Law: Key Documents and Decisions of the Global Constituent Assemblies and the Provisional World Parliament.* Pamplin, VA: Institute for Economic Democracy Press.

Amin, Samir (1997). *Capitalism in the Age of Globalization.* New York & London: Zed Books.

Barbé, Dominique (1987). *Grace and Power. Base Communities and Nonviolence in Brazil.* Trans. John Pairman Brown. Maryknoll, NY: Orbis Books. Originally published as *A graça e o poder.* Edições Paulinas, São Paulo, Brazil, 1983.

Belitsos, Byron and Tetalman, Jerry (2005). *One World Democracy: A Progressive Vision for Enforceable Global Law.* San Rafael, CA: Origin Press.

Blum, William (2000). *Rogue State. A Guide to the World's Only Superpower.* Monroe, Maine: Common Courage Press.

Blum, William (1995). *Killing Hope*: U.S. Military and CIA Interventions Since World War II. Monroe, Maine: Common Courage Press.

Borge, Tomas (1992). *The Patient Impatience: from boyhood to guerilla: a personal narrative of Nicaragua's struggle for liberation.* Trans. Russell Bartley, Darwin Flakoll, and Sylvia Yoneda. Willimantic, CT: Curbstone Press. Originally published as *La Paciente Impaciente.* Editorial Vanguardia, España, 1989.

Boswell and Chase-Dunn (2000). *The Spiral of Capitalism and Socialism – Toward Global Democracy.* Boulder, CO: Lynne Rienner Publishers.

Boucher, Douglas H. (1999). *The Paradox of Plenty: Hunger in a Bountiful World.* Oakland, CA: Food First Books.

Brecher, Jeremy and Costello, Tim (1994). *Global Village or Global Pillage: Economic Reconstruction from the Bottom Up.* Boston: South End Press.

Brown, Ellen Hodgson (2007). *The Web of Debt: The Shocking Truth about our Money System.* Revised and Updated Edition. Batan Rouge, LA: Third Millennium Press.

Brown, Lester R. (2001). *Eco-Economy: Building an Economy for the Earth.* New York: W. W. Norton & Co.

Burbach, Roger and Clarke, Ben, eds. (2002). *September 11 and the U.S. War: Beyond the Curtain of Smoke.* San Francisco: City Light Books.

Caldicott, Helen (1992). *If You Love This Planet.* New York: W.W. Norton & Co.

Caldicott, Helen (1994), *Nuclear Madness.* Revised Edition. New York: W. W. Norton & Co.

Castro, Fidel (1996). *Cuba at the Crossroads.* Speeches printed in Gramma International. Melbourne, New York: Ocean Press.

Caufield, Catherine (1996). *Masters of Illusion. The World Bank and the Poverty of Nations.* New York: Henry Holt and Company.

Chomsky, Noam (1996). *What Uncle Sam Really Wants.* Berkeley: Odonian Press.

Chomsky, Noam (1993). *Year 501 -- The Conquest Continues.* Boston: South End Press.

Chossudovsky, Michel (1999). *The Globalization of Poverty: Impacts of IMF and World Bank Reforms.* London: Zed Books LTD.

Chossudovsky, Michel and Marshall, Andrew, eds. (2010). *The Global Economic Crisis: The Great Depression of the XXI Century.* Montreal: Global Research.

Commission on Global Governance. (1995). *Report of the Commission on Global Governance.* Oxford: Oxford University Press.

Daly, Herman E. (1996). *Beyond Growth: The Economics of Sustainable Development.* Boston: Beacon Press.

Daly, Herman E. and Cobb, John B. (1994). *For the Good. Redirecting the economy toward community, the environment, and a sustainable future.* Boston: Beacon Press.

Flavin, Christopher, et al. (2002). *State of the World 2002.* New York: W. W. Norton & Co.

Freire, Paulo (1974). *Pedagogy of the Oppressed.* Myra Bergman Ramos, trans. New York: Seabury Press. Originally published in Brazil in 1968.

Galeano, Edwardo (1973). *The Open Veins of Latin America – Five Centuries of the Pillage of a Continent.* Cedric Belfrage, trans. New York: Monthly Review Press. Originally published as *Las venas abiertas de América Latina.* Siglo XXI Editores, Mexico, 1971.

Gill, Lesley (2004). *The School of the Americas. Military Training and Political Violence in the Americas.* Durham and London: Duke University Press.

Gutierrez, Gustavo (1973). *A Theology of Liberation. History, Politics, and Salvation.* Trans. Sister Caridad Inda and John Eagleson. Maryknol, NY: Orbis Books. Orignially published as *Teología de la liberación.* Perspectivas by CEP, Lima, Peru, 1971.

Harris, Errol E. (2000). *Apocalypse and Paradigm: Science and Everyday Thinking.* Westport, CT: Praeger.

Harris, Errol E. (2005). *Earth Federation Now: Tomorrow is Too Late.* Pamplin, VA: Institute for Economic Democracy Press.

Hinkelammert, Franz J. (1986). *The Ideological Weapons of Death. A Theological Critique of Capitalism.* Philip Berryman, trans. Maryknoll, NY: Orbis Books. Originally published as *Las Armas Ideológicas de la Muerte.* Departamento Ecumenico de Investigaciones, San Jose, Costa Rica, 1981.

Hudgens, Tom A. (1986). *Let's Abolish War.* Denver, CO: BILR Corporation.

Isely, Philip (2000). *Immediate Economic Benefits of World Government.* Lakewood, Colorado: Emergency Earth Rescue Administration of the World Constitution and Parliament Assoc.

Klein, Naomi (2008). *The Shock Doctrine: The Rise of Disaster Capitalism.* New York: Henry Holt & Company.

Korten, David C. (1999). *The Post-Corporate World: Life After Capitalism.* West Hartford, CT: Kumarian Press, Inc.

Korten, David C. (2001) *When Corporations Rule the World.* Second Edition. Bloomfield, CT: Kumarian Press.

Mander, Jerry and Goldsmith, Edward (1996). *The Case Against the Global Economy: And for a Turn Toward the Local.* San Francisco: Sierra Club Books.

Martin, Glen T. (1999). "A Planetary Paradigm for Global Government." *Toward Genuine Global Governance: Critical Reactions to "Our Global Neighborhood,"* Errol E. Harris and James A. Yunker, eds. London: Praeger, pp. 1-18.

Martin, Glen T. (2005). *World Revolution through World Law: Basic Documents of the Emerging Earth Federation.* Pamplin, VA: Institute for Economic Democracy Press.

Martin, Glen T. (2008). *Ascent to Freedom: Practical and Philosophical Foundations of Democratic World Law.* Pamplin, VA: Institute for Economic Democracy Press.

Martin, Glen T. (2010). *Triumph of Civilization: Democracy, Nonviolence, and the Piloting of Spaceship Earth.* Pamplin, VA: Institute for Economic Democracy Press.

Martin, Glen T. (2010). *Constitution for the Federation of Earth – with Historical Introduction, Commentary, and Conclusion.* Pamplin, VA: Institute for Democracy Press.

Martin, Glen T. (2011). *The Earth Federation Movement: Founding a Social Contract for the People of Earth. History, Vision, Documents.* Pamplin, VA: Institute for Economic Democracy Press.

Marx, Karl and Engels, Friedrich (1978). *The Marx-Engels Reader.* Second Edition. Robert C. Tucker, ed. New York: W. W. Norton & Co.

Mayur, Rashmi (2002). *Beyond Johannesburg: Where Do We Go From Here?* Mumbai: International Institute for Sustainable Future.

Palast, Greg (2003). *The Best Democracy Money Can Buy.* New York: Plume Books of Penguin Publishers.

Pax, Octavio (1985). *One Earth, Four or Five Worlds.* Trans. Helen R. Lane. New York: Harcourt Brace Jovanovich Publishers.

Petras, James and Veltmeyer, Henry (2005). *Empire with Imperialism: The Globalizing Dynamics of Neo-liberal Capitalism.* London: Zed Books Ltd.

Pierson, Christopher (1995). *Socialism After Communism: The New Market Socialism.* University Park, PA: Pennsylvania State University Press.

Renner, Michael. (1996). *Fighting for Survival: Environmental Decline, Social Conflict, and the New Age of Insecurity.* New York: W. W. Norton & Co.

Rich, Bruce (1994). *Mortgaging the Earth. The World Bank, Environmental Impoverishment, and the Crisis of Development*. Boston: Beacon Press.

Seligson, Mitchell A. and Passe-Smith, John T. (1993). *Development and Underdevelopment: The Political Economy of Inequality*. Boulder, CO: Lynne Rienner Publishers.

Shiva, Vandana (1997). *Biopiracy: The Plunder of Nature and Knowledge*. Boston: South End Press.

Shiva, Vandana (2000). *Stolen Harvest: The Hijacking of the Global Food Supply*. Boston: South End Press.

Shiva, Vandana (2002). *Water Wars: Privatization, Pollution, and Profit*. Boston: South End Press.

Singer, Peter (2002). *One World: the Ethics of Globalization*. New Haven: Yale University Press.

Smith, J. W. (1994). *The World's Wasted Wealth 2*. Pamplin, VA: Institute for Economic Democracy Press.

Smith, J.W. (2002). *Economic Democracy – The Political Struggle of the Twenty-first Century*. Pamplin, VA: Institute for Economic Democracy Press.

Smith, J.W. (2002). *Why? The Deeper History Behind the September 11, 2001, Terrorist Attack on America*. Pamplin, VA: Institute for Economic Democracy Press.

Smith, J.W. (2003). *Cooperative Capitalism: A Blueprint for Global Peace and Prosperity*. Pamplin, VA: Institute for Economic Democracy Press.

Smith, J.W. (2011). *Money: A Mirror Image of the Economy*. Pamplin, VA: Institute for Economic Democracy Press.

Speth, James Gustave (2004). *Red Sky at Morning: America and the Crisis of the Global Environment*. New Haven: Yale University Press.

Stiglitz, Joseph E. (1994). *Whither Socialism?* Cambridge: MIT Press.

Stiglitz, Joseph E. (2002). *Globalization and its Discontents*. New York: W. W. Norton & Co.

Tarpley, Webster Griffin (2008). *9/11 Synthetic Terror: Made in the USA*. Joshua Tree, CA: Progressive Press.

Tokar, Brian (1997). *Earth for Sale: Reclaiming Ecology in the Age of Corporate Greenwash*. Boston: South End Press.

Wood, Ellen Meiksins (2002). *The Origin of Capitalism: A Longer View*. London: Verso Press.

El Parlamento Mundial

Casa de los Pueblos	Casa de Consejeros	Casa de las Naciones
1000 delegados de todo el mundo	200 sabios delegados	1, 2, o 3 delegados de cada nación

Poder Judicial Mundial	Ejecutivo Mundial	Policía Mundial	Defensor del Pueblo Mundial
Justicia Imparcial para todos	Sirviendo el bien común	Policía civil, no militar	Protege los derechos humanos universales

El Complejo Integrativo
Proteger el medio ambiente global

La Administración Mundial
28 departamentos para el bien común mundial

Diagrama de la Federación de la Tierra bajo la Constitución

www.ingramcontent.com/pod-product-compliance
Lightning Source LLC
Chambersburg PA
CBHW030017290326
41934CB00005B/374